당신은 왜
회사에
가기 싫은가?

당신은 왜 회사에 가기 싫은가?

한 권으로 끝내는 25년 회사생활 노하우

초 판 1쇄 2024년 05월 03일

지은이 이현식
펴낸이 류종렬

펴낸곳 미다스북스
본부장 임종익
편집장 이다경
책임진행 김가영, 윤가희, 이예나, 안채원, 김요섭, 임인영

등록 2001년 3월 21일 제2001-000040호
주소 서울시 마포구 양화로 133 서교타워 711호
전화 02) 322-7802~3
팩스 02) 6007-1845
블로그 http://blog.naver.com/midasbooks
전자주소 midasbooks@hanmail.net
페이스북 https://www.facebook.com/midasbooks425
인스타그램 https://www.instagram/midasbooks

ⓒ 이현식, 미다스북스 2024, *Printed in Korea*.

ISBN 979-11-6910-633-7   03190

값 18,000원

미다스북스는 다음세대에게 필요한 지혜와 교양을 생각합니다.

당신은 왜 회사에 가기 싫은가?

한 권으로 끝내는
25년 회사생활 노하우

이현식 지음

미다스북스

회사원은 행복하지 않다

'회사는 나를 힘들게 한다. 회사에 가는 길이 즐거웠던 적은 그리 많지 않다. 대학을 졸업하고 여태까지 이십몇 년을 다닌 곳이 회사인데 그 회사라는 곳이 즐겁지 않다니. 아니 어쩌면 고등학교 때 공부했던 것도 좋은 대학 가서 좋은 회사를 가기 위한 것이었으니, 고등학교 때부터 시작해서 지금까지 회사만 보고 살아온 것인데 그 회사가 나를 힘들게 한다. 행복했던 적보다 힘들었던 적이 더 많았다. 아니 어떻게 그럴 수 있지? 회사를 위해 학창 시절 동안 준비하고, 그곳에서 살아남기 위해 또 긴 시간을 굽신거리며 살았다. 아무리 봐도 이건 내가 너무 밑지는 장사를 한 것 같다.'

제 얘기입니다.

회사원은 행복하지 않습니다. 행복하지 않은 이유에는 여러 가지가 있습니다. '일이 하기 싫다', '상사의 얼굴을 보기 싫다', '어차피 나중에 나가게 된다', '나가고 나면 다 허사가 된다', '의사, 변호사 같은 전문직과 다르다', '즉, 미래도 불투명하다' 하지만 지금 어떻게 할 수도 없습니다. 회사라는 이 시스템을 벗어날 용기가 쉽게 나지 않습니다. '그냥 눌러앉아 버티는 수밖에 다른 방법이 없지 않나.' 그런 생각도 듭니다. 그렇다면 일단 회사에 눌러 앉아 있는다 생각하고 그 안에서 행복해질 수 있는 방법을 찾아보는 게 좋을 것 같습니다.

도대체 뭐가 문제일까요? 회사 생활의 무엇이 나를 이렇게 힘들게 하는 것일까요? 회사 생활의 문제는 저 너머 중회의실에서 시작됩니다. 팀장과 임원들이 모여 뭔가 쑥덕쑥덕합니다. 우리의 귀가 쫑긋해집니다. '조직개편인가? 이번엔 또 누가 저 한직으로 밀려나나? 이번에 혹시 김 차장이 내 위로 오는 거 아냐? 그럼 나는 어떻게 걔 밑에서 일을 하지?' 생각이 꼬리를 뭅니다. 그 회의실 안에서 누군가가 어떤 상부의 의지를 전달하고, 그 여파로 내가, 아니면 내 옆의 동료가 타격을 받습니다. 어느 때는 고과로, 어느 때는 승진 누락으로, 어느 때는 희망퇴직으로, 편할 날 없이 몰아칩니다. 그렇게 몰아치기만

하니 회사 가는 길이 무겁고 출근길이 너무 힘듭니다.

여러분, 이런 얘기 많이 들어 보셨을 겁니다. "1994년의 '포춘 (Fortune) 500' 회사 1위부터 30위, 그중 현재까지 남아 있는 회사는 몇 안 된다." 이 얘기가 의미하는 것은 무엇일까요? 난다 긴다 하는 기업들도 그 기간을 못 버티고 힘들어하다 망한다는 것입니다. 회사는 지속하기 어려운 곳이라는 겁니다. 큰 기업일수록 새로운 사업 분야로 변화하기가 쉽지 않습니다. 그래서 지속적인 수익 창출이 어렵고, 비용과 사람을 당연히 줄여야 하는 단계에 다다릅니다. '조직의 변화', '인력의 변화', 이 열쇠는 주주, 이사회, 사장 순으로 내려옵니다. 직원인 우리는 언젠가는 당연히 올 그 순서를 기다리느라 마음이 편하지 않습니다. 그것을 조금이라도 회피하고자 상사의 눈치를 봐야 하고, 옆 자리의 동료를 의식해야 하며, 퇴근 시간에 딱 맞춰 나가는 게 뭔가 미적지근한 것입니다.

그러면 그 안에서 우리는 어떤 자세, 어떤 마인드셋을 가져야 그나마 덜 힘들게 회사 생활을 할 수 있을까요? 총 20개의 이야기가 있습니다. 이 이야기 중 단 몇 개라도 여러분의 회사 생활을 편안하게 해 주었으면 좋겠습니다.

목차

PART II
회사 안에서 살아남기 위해
우리는 어떻게 해야 하나?

PART III
두 번째 산

PART I.

당신이
선택한 회사는
이런 곳입니다

1장

당신은 회사의 자원

'왜 나는 회사 가는 것이 두려운가?'의 문제를 풀기 위해 우리는 회사를 제대로 알아야 합니다. 먼저 회사라는 곳에 대해 파헤쳐 보겠습니다. 회사는 어떤 곳인가요? 회사는 물건을 파는 곳입니다. 물건을 팔아서 매출을 일으키고 그 매출에서 비용을 빼고 이익을 남깁니다. 그 이익금은 어디로 가나요? 이익금의 일부는 회사의 주인인 주주가 갖고, 나머지는 회사에 재투자합니다. 투자된 돈으로 회사는 자산을 구입하고 그 늘어난 자산으로 매출을 더 크게 일으킵니다. 우리는 회사에 있어 지속성이 중요하다는 말을 많이 들어왔습니다. 기업은 망하지 않고 유지되는 것이 중요하고 유지되기 위해서는 재투자가 지속적으로 이루어져야 합니다.

여기서 잠깐. 이익금은 회사의 주인인 주주에게 간다고 했습니다. 주주에게 가고 나머지가 회사의 지속성을 위해 재투자됩니다. 회사의 직원으로서 나는 회사에 가서 열심히 일해서 매출을 일으키고 이익을 냅니다. 그 이익은 결국 회사의 주인인 주주에게 가므로 나는 주주의 부를 늘려 주기 위해 일을 하는 셈이 됩니다. 결국은 그렇습니다. 내가 회사에서 일하는 행위에 대해서 고객 만족, 사회적 책임 같은 말을 쓰기도 하지만 결국, 회사 주인의 부를 늘려주는 것이 내가 하는 일의 최종 목표입니다.

경영학에서 말하는 '주주중심주의'입니다. 주주중심주의는 기업의 주인인 주주의 부를 극대화하기 위해 기업이 존재한다고 말합니다. 이러한 관점을 가지고 '회사에서의 나'라는 존재에 대하여 생각해 볼 필요가 있습니다. 회사에 출근하면 나는 팀장을 위해서, 아니 임원을 위해서, 아니 사장님을 위해서 일하는 것 같지만 아닙니다. 나는 주주를 위해 일하고 있는 것입니다. 주주를 위해 일하고 있으므로 그들의 마인드를 이해하고 그들이 원하는 것을 살펴봐야 합니다.

회사의 주인은 누구인가

회사는 냉혹한 곳입니다. 회사의 구조를 살펴봅시다. 우리가 회사에 들어가면 동료가 있고, 위에 팀장이 있고, 그 위에 본부장이 있습니다. 본부장 위에는 사장이 있습니다. 사장의 리더십 아래 임원들이 움직이고 그 밑에 팀장들이 발빠르게 움직입니다. 저는 거기까지가 회사인 줄 알았습니다. 아니더군요. 그 위로 더 있었습니다.

사장 위로는 사장을 감독하는 이사회가 있습니다. 이사회는 무슨 일을 할까요? 경영학의 아버지라 불리는 '피터 드러커'(Peter Drucker)는 이사회의 역할을 이렇게 정의합니다. "톱 매니지먼트로 하여금 사업은 무엇인지, 무엇이어야 하는가를 주지시키고, 목표와 전략을 확인시키고, 계획, 투자, 예산을 비판적으로 검토하는 것이 이사회다." 거기에 덧붙여 "인사와 조직에 관해 최고 재판소 역할을 수행하고 성과를 올리지 못하는 톱 매니지먼트를 교체시키는 기관이다."[1]

그리고 이사회 위에는 주주가 있습니다. 제일 높은 분인 줄 알았던 사장님도 사실은 회사에 의해 고용된 대리인입니다. 경영학에서 많이 얘기하는 토픽 중 하나로 '대리인' 문제가 있습니다. 여기서 대리인이라 함은 회사의 주인이 회사를 잘 굴러가게 하기 위해서 고용한 사람, 곧 사장을 말합니다. 경영학의 관점에서 사장도 대리인에 불과하다고 했으니, 그 대리인의 한참 밑에 있는 나라는 존재는(대리인의 부하의 부하) 회사 입장에서 봤을 때 참 까마득한 존재가 아닐 수 없습니다. 그런 내가 '회사의 주인이다'라는 생각을 가진다는 것은 조금 어폐가 있습니다. 오너십(Ownership) 얘기를 많이 합니다만, 자기가 오너인 척할 필요는 없습니다. 오너, 대주주의 마인드를 이해하면 됩니다. 대주주 마인드를 이해하는 것이 회사 생활을 하는 데 많이 유리합니다.

(1) 우리는 회사의 주인이 절대 아니다.
(2) 우리가 회사를 편안하게 다니기 위해서는 대주주 마인드를 이해하고 있어야 한다.

그리고 잠깐만요. 우리 팀, 우리 본부, 그리고 사장님, 이렇게 생각했던 회사 묶음에 한 가지를 더 추가해야 합니다. 이 묶음이 잘 돌아가는지를 감독하는 조직인 내외부 감사인, 바로 회사의 감사팀과 회계 법인입니다.

결국 우리 사장님은 주주와 이사회의 감독을 받고, 또한 매년 재무제표로 감사를 받는 분인 것입니다. 이 구조를 잘 이해하고 있어야 합니다. 그래야 우리는 팀장을 통해 전달되는 상부의 여러 요구들을 제대로 이해할 수 있게 됩니다. 이러한 이해가 편안한 회사 생활의 출발점이 됩니다.

기업은 주주의 부를 극대화하기 위해 존재한다고 이야기했고 그것을 가능하게 하기 위한 회사의 층층시하 구조에 대해서 살펴봤습니다. 그렇다면 우리는 회사 내에서 어떤 존재일까요? 우리는 회사의 구성원이자 자원입니다. 인사팀을 HR이라고 부릅니다. 그렇습니다. 단어의 뜻 그대로 우리는, 인간 자원(Human Resource)입니다. 자원? 어감이 좋지 않지만 어쩔 수 없습니다.

1 회사의 밸류 체인 아래에는 토지, 공장, 설비 등 여러 자원들이 있다. 직원은 그 중 하나로 휴먼 리소스 (Human Resource)이다 [2]

왜 우리가 공장, 설비, 토지와 동급으로 여겨지는 '자원'이 되어야 하는지를 회사의 활동 차원에서 살펴봅시다. 기업의 활동을 잘 설명하는 이론으로 '밸류 체인'(Value Chain, 가치 사슬) 이론이 있습니다. 그 이론에 따르면, 기업의 주활동은 제품의 생산, 생산을 전

후로 한 인바운드(Inbound)와 아웃바운드(Outbound) 로지스틱스
(Logistics, 물류), 판매, 그리고 애프터서비스로 이루어집니다. 이
활동을 수행하기 위해 기업은 공장, 설비, 그리고 이 설비를 움직이
기 위한 사람을 필요로 합니다.

　우리 회사의 판매 제품이 바뀌면 공장의 라인에 변경이 옵니다. 기
존 라인이 없어지고 새 라인이 깔립니다. 자원의 관점에서 본다면 공
장의 라인을 없애는 것처럼 사람도 이리 붙였다 저리 붙였다, 혹은
아예 없애야 할 수도 있습니다. 경영의 관점에서 그렇다는 겁니다.
드러커가 얘기하는 경영자의 조건 중에 이런 것이 있습니다. "감정
의 기복 없이 사람들을 채용하거나 해고할 줄 안다."[3] 기업이 직원을
바라보는 시각을 보여주는 사례라고 할 수 있습니다.

　정리하자면, 회사는 매출을 일으키고자 하는 목표를 갖고 있고, 그
목표를 달성하기 위해서 여러 자원들로 구성된 밸류 체인 하에서 움
직입니다. 이러한 측면에서 직원은 회사의 자원이 됩니다. '나는 회
사의 주인이다' 이런 말은 맞지 않습니다. 이런 잘못된 생각은 회사
생활을 힘들게 합니다. 왜냐하면 당신의 기대와 달리, 결국에는(특
히, 회사의 실적이 좋지 않을 때) 당신도 자원이라는 관점에서 다뤄
질 것이기 때문입니다.

Summary

회사는 매출 목표를 달성해야 하는 그 특성상, 가기 싫은 곳이 맞다.
가기 싫어 하는 내가 이상한 것이 아니다.

2장

경영 목표를 전략으로 풀다

앞 장에서 회사가 어떤 곳인가를 살펴보았습니다. 이 장에서는 회사에서 매일매일 어떤 일이 일어나고 있는지를 살펴보겠습니다.

제가 일했던 회사들에서는 대략, 여름휴가를 가기 전에 내년도 회사의 경영 계획 초안을 작성했습니다. 초안을 지역본부와 조율하고 거기서 통과되면 본사와 조율했습니다. 9월 정도가 되면 회사의 내년도 경영 계획이 완성되었습니다.

경영 계획(Financial Plan), 줄여서 핀 플랜(Fin Plan)이라고도 불리는 이 문서에는 회사의 방향과 목표가 담겨 있습니다. 핀 플랜의 핵심은 결국 목표 매출액과 목표 이익률입니다. 이것을 달성하면 좋은 것이고 달성하지 못하면 좋지 못한 것입니다. 달성하지 못할 경우, 몇 명이 짐을 싸고 나가게 됩니다. 아주 심플하고 간단명료합니다. 회사의 존재 이유에서 살펴보았듯이 이 진행 과정은 너무나 자연스럽습니다. 연말이면 임원들이 바뀌는 것도 자연스럽게 받아들일 수 있게 됩니다.

경영 계획 달성이 중요하다고 했습니다. 그렇다면 이 경영 계획을 달성하기 위해서 회사는 무엇을 어떻게 해야 할까요? 여기에서 '전략'이 등장합니다. 회사가 지향하는 가치가 있고 그 가치에 맞는 회사의 목표가 있습니다. 목표는 길게는 5년으로 잡고, 앞서 이야기한 경영 계획이 매년 달성해야 할 연간 달성 목표가 됩니다. 달성하기 쉬운 목표는 없습니다. 그러므로 이 목표를 달성하기 위하여 우리는 무엇인가를 필요로 합니다. 그것은 바로 전략입니다.

전략이라 함은 우리에게 주어진 목표와 우리가 지금 처한 현실, 둘 사이의 갭(Gap, 차이)을 없애 나가는 방법이라고 할 수 있습니다. 따라서 회사에서 각 팀장들이 바쁘게 하는 일은 크게 보면 핀 플랜 달성을 위한 전략의 수립과 수립된 전략의 실행, 두 가지라고 할 수 있습니다.

목표를 세우고, 그 목표를 실행하기 위한 실행 과제들을 만들고, 그 실행 과제들이 완수되고 있는지를 점검하며, 궁극적으로 그 목표를 달성하는 것. 이 일이 회사의 주된 일입니다. 이것이 바로 우리가 '경영', '매니지먼트(Management)'라고 부르는 것입니다.

드러커는 경영을 이렇게 설명했습니다. "먼저 '사업은 무엇인가'를 정의한다. 정의에 따라 목표를 도출한다. 활동의 우선순위를 결정한다. 성과의 척도를 정한다. 자신의 성과에 대해 피드백을 행한다. 목표에 비추어 성과를 감사한다."[4]

경영 계획은 항상 달성하기 어렵게 주어진다

CEO, 이사회, 주주로 이루어진 상층부에서 하달된 회사의 일 년 목표. 매출액과 이익은 언제나 그렇듯 쉽게 달성할 수 없어 보입니다. 이에 회사 외부의 환경과 내부의 자원을 생각하여 이 목표를 달성할 수 있게 전략을 짭니다. 수립된 전략은 세부 목표와 세부 실행 과제로 세분화되고, 그 세부 과제들이 각 하위 조직으로 전달됩니다. 전달되는 과정이 매끄럽지만은 않습니다. 주어진 목표는 항상 너무 높고, 받는 사람 입장에서는 그 목표를 달성하려면 주말에도 나와서 일해야 할 것 같은 걱정이 생기게 됩니다.

각 팀에서는 팀의 목표 수립 진행 상황을 월별, 주별로 체크합니다. 목표 수립은 항상 더딥니다. 주간 회의를 하는 대회의실의 회의 시간이 계획된 시간을 초과하고, 가끔씩 언쟁하는 소리가 밖에까지 들립니다. 상부에서는 목표 수립을 하기 위해서 무엇을 지원해 주어야 하는지 물어봅니다. 세부 목표가 조정되기도 합니다. 이러한 일들이 매일 회사에서 이루어집니다. 주간 회의든, 월간 회의든, 경영 회의든, 모두 비슷하죠. 그 순서를 볼까요?

(1) 우리가 달성해야 할 목표는 항상 우리가 할 수 있는 것보다 높게 설정되어 떨어진다.
(2) 그러므로 그 목표를 달성할 수 없음을 위에 얘기한다.
(3) 경영 계획의 목표가 조금 낮아진다.
(4) 낮아졌음에도 또 달성하지 못한다. 수정된 목표를 왜 달성하지 못했는지 또 질책을 받는다.

진척 점검 회의는 언제나 (1)~(4)의 반복입니다. 그러니 회사 생활이 편안할 틈이 없습니다.

회사가 나에게 월급을 주는 이유

팀장으로서 주어진 목표를 달성하려다 보면 언제나 리소스(Resource, 자원)의 부족을 경험하게 됩니다. 저 또한 부서장으로 재직할 당시 하루라도 인원 충원에 대해서 생각해 보지 않은 적이 없었을 정도입니다. 인사팀에 충원을 요청하죠. 이 충원 요청이 승인이 나려면 무엇이 필요할까요? 신입 직원의 연봉이 4천만 원이라고 합시다. 4천만 원의 인건비가 비용으로 발생하게 됩니다. 마이너스가 되면 안 되니까 4천만 원 이상의 매출 증대가 필수적입니다. 그리고 그것에 대한 근거가 필요합니다. 예를 들면, '현재 우리 회사는 아시아와 미국에만 진출해 있다. 유럽에서 수요가 있을 것 같다. 유럽 시장을 개척하려면 현재의 인원으로는 부족하다. 한 명을 충원함으로써 연간 2억 원의 추가 매출이 예상된다.' 이런 식의 계산이 들어갑니다.

자, 그렇게 해서 어렵게 채용했습니다. 부서장의 요청에 의해서 회사의 자원 하나가 늘었습니다. 그러면 매출이 더 커져야 합니다. 채용 목표와 기대하는 바는 명확합니다. 예를 들어, 당신이 신입 직원으로 뽑혔습니다. 회사라는 '객체'가 당신을 뽑은 이유는 전략 목표의 달성, 곧 매출 증대입니다. 당신의 부서장이 자리를 하나 만들고 당신을 뽑은 이유는 매출 증대입니다. "아. 나는 이 기업의 매출 증대라는 목표를 위해서 뽑혔구나." 이것을 잘 캐치해야 합니다. 내가 뽑힌 이유와 과정을 명확히 알면, 두 번째 파트에서 얘기할 내가 취해야 할 액션을 쉽게 이해할 수 있습니다.

Summary

회사에서 하는 일은 목표의 세팅, 그 목표의 달성을 위한 전략의 수립과 실행이다. 매년 달성하기 어려운 목표가 주어진다. 그러니 회의실에서는 매번 목소리가 높아지고 회사는 행복한 곳이 될 수 없다.

3장

회사가 나에게 바라는 것

회사의 목표는 무엇인지(매출액과 이익이라고 얘기했습니다), 회사에서는 무슨 일을 하는지(경영, 전략의 수립과 실행에 대해 얘기했습니다), 그리고 우리 팀장이 나를 무슨 이유로 뽑았는지까지 살펴봤습니다. 이번 장에서는 '그럼 내가 뭘 해야 하는지'에 대해서 알아보겠습니다.

처음 회사에 들어가면 한 역할을 맡게 됩니다. 제품을 맡을 수도 있고, 지역을 맡을 수도 있고, 아니면 기능(Function)적인 부분, 예를 들어 '가격 결정(Pricing)'을 맡을 수도 있습니다. 한 마디로 말해 어떤 일에 대한 '담당'이 되는 것입니다.

"어, 그 상품 걔가 담당이야." 이제부터는 상품이든, 지역이든, 그것과 관련된 커뮤니케이션의 창구가 됩니다. 이메일이 오고, 전화가 오고, 내부 손님이 찾아오고, 외부 손님도 찾아올 겁니다. 그리고 또 뭐가 있을까요? 조금 있으면 본인의 담당과 관련된 것에 대하여 의사 결정을 해야 할 타이밍이 옵니다. 의사 결정을 하려면 자료가 있어야겠죠? 내 위의 과장, 차장들의 의사 결정을 돕기 위한 기초 자료를 만들어야 합니다. 담당의 역할입니다.

다시 한 번 상기하자면, 지금 내가 하는 일은 회사의 매출 목표를 위한 것입니다.

나는 하나의 담당이 되어서 관련된 커뮤니케이션을 이어주는 창구 역할을 합니다. 아울러 문제가 발생할 때 이걸 이슈화해서 풀어가는 역할도 담당하게 됩니다. 아젠다(Agenda, 안건)를 세팅하고 그 아젠다와 관련 있는 사람들을 모으고, 모인 사람들이 그 아젠다에 대해서 논의하고 결정할 수 있도록 자료를 만들고 결정된 사항을 공표하는 일을 합니다.

이때 자료는 어떻게 구성될까요? 이슈가 무엇인지에 대한 명확한 정의, 그 이슈를 해결하기 위한 대안들과 각 대안들의 장단점, 담당으로서 선호하는 대안, 이 정도가 포함되어야 합니다. 그러면 의사 결정자들은 대안 A와 대안 B 중 하나를 선택하게 됩니다.

그렇다면 아젠다를 설정하고 최종 결과를 공유하기까지 내가 해야 하는 일은 무엇일까요? 이메일도 써야 하고 PPT 자료도 만들어야 하고 만든 자료를 발표도 해야 합니다. 그러면 회의 자리에서 다른 입장을 가진 측에서 내 주장을 논박합니다. 이러한 일들은 회사에서 가장 많이 하는 일이기도 하며, 높은 퀄리티로 갖춰야 할 기본기가 되기도 합니다.

이메일, 자료 작성, 발표, 디베이트(Debate, 논쟁) 이 4가지는 회사 내에서 '내가 보이는 전부'이기도 합니다. 회사에서 나의 존재감은 중요합니다. '비저빌러티(Visibility)'라고도 하죠. 내 고과가 매겨지는 순간, 승진자 대상에서 나에 대한 언급이 이루어지는 순간에 이러한 나의 인상이 큰 작용을 합니다. 그 인상의 근간을 이루는 것이 회의 석상에서의 나의 말투, 눈빛, PPT 발표 시의 아이 컨택(Eye Contact), 횡설수설하지 않는 논리정연함, 간결함, 이메일의 구성 등입니다. 논리적으로 잘 쓰고 잘 얘기하는 스킬에 대해서는 뒤에서 살펴보도록 하겠습니다.

지금까지 우리는 회사에 대해 파헤쳐 보았습니다. 왜 우리가 회사에 가기 싫은지에 대한 이유가 나오는 것 같습니다. 회사는 돈을 벌어 회사를 영속적으로 유지하는 것이 목표인 존재입니다. 그 목표의 달성에 있어서 한 직원의 행복은 일부 고려가 되기도 하지만, 큰 고려 요소는 아닙니다. 회사에서 하는 주된 일은 수립된 목표의 달성을 위해 전략을 수립하고, 그것을 실행하는 일입니다. 일 년의 목표인 경영 계획의 달성을 위해서 주주, 이사회, 사장, 직원의 순으로 진척 상황을 점검받는 구조입니다. 그러므로 회사라는 곳은 기본적으로 가기 편안한 곳이 될 수 없습니다.

사장, 본부장, 팀장, 그리고 나, 이런 순으로 점검을 받는다고 생각해 봅시다. 회사에서 바라보는 나의 존재는 어떻습니까? 일개 직원입니다. 내가 바라보는 '회사'와 회사가 바라보는 '나' 사이에는 많은 차이가 있습니다. 회사는 한 객체이지, 나를 신경 써 주거나 보살펴 줄 보호자는 아닙니다. 그러므로 회사에 대한 원망은 쓸데없는 것입니다. 나는 그저 회사에 속한 한 가지 일의 담당자로서, 해야 하는 일에 집중하면 됩니다. 회사에 너무 많은 기대는 하지 않는 것이 좋습니다.

업무에 집중하기 위해 필요한 기본 스킬과 마인드셋에 대해서는 두 번째 파트에서 다루겠습니다. 그에 앞서서, 회사에 대해 살펴보았으니 다음 장에서는 회사에서 하는 사업, 즉 '비즈니스'에 대해 알아봅시다.

Summary

회사에서 나는 담당이 된다. 담당으로서 나는 관련된 문제들에 대한 커뮤니케이션을 리드(Lead)할 수 있어야 한다.

사업 아이템은
어떻게 정할까?

4장에서 6장까지는 사업, 즉 비즈니스에 대한 얘기를 할 겁니다. 앞에서 우리는 경영과 전략에 대해 알아보았지만, 사업의 실체에 대해서는 언급하지 않았습니다. 이제는 그 실체, 즉 사업이 될 아이템을 발굴하는 법부터, 그걸 판매하는 법까지 알아보겠습니다.

회사라는 계층 구조의 제일 상단에 있는 기업가의 마인드를 이해하고 있으면, 회사에서 많은 의사 결정을 해야 할 때 기업가의 이해를 기준으로 삼을 수 있습니다. 따라서 회사원으로서 그들의 마인드에 대해 생각해 보는 것은 의미가 있습니다.

우리 모두 스타트업(Startup) 회사를 하나 차렸다고 생각해 봅시다. 기업가의 일 중, 중요한 것은 '투자를 받는 것'과 '사업 아이디어를 판매할 수 있도록 상품화하는 일'입니다. 먼저 투자 받는 일부터 살펴보죠.

투자를 받기 위해서는 투자자에게 회사의 비즈니스 모델을 설명하는 시간을 갖습니다. IR 피칭(Investor Relations Pitching, 투자자 대상 피칭)이라고 하죠. 이 피칭의 핵심은 투자한 돈 대비 얼마나 회수할 수 있느냐입니다. 이 판단을 하기 위해서 PI(Profit Index, 수익성 지수)라는 지수를 많이 씁니다. 간단하게 얘기하면, 번 돈 나누기 투자한 돈의 값이 1.0을 넘기면 우리는 이익을 봅니다. 일반적으로 3년 차에 1.0, 5년 차에 2.0 정도면 괜찮은 투자안이 됩니다. 즉, 투자한 돈에 대해서 2년 차까지는 손실을 부담하더라도 3년 차부터는 이익을 볼 것을 기대합니다.

자, 그럼 상품이 있어야겠죠. 상품에 있어 가장 중요한 것은 무엇일까요? 두 가지입니다. "누가 사용하느냐?"와 "그 사람이 그걸 왜 사용하느냐?"입니다. 타겟과 가치 제안(Value Proposition)이죠. 우리가 제공하려는 이 가치는 우리의 경쟁사와 비교해서 차별점이 있어야 하고 고객들이 더 선호하는 것이어야 합니다.

따라서 타겟, 가치 제안, 그리고 수익성, 이 세 가지를 투자자에게 설명하고 투자해달라고 요청하게 됩니다. 자, 그럼 무슨 아이템으로 사업을 할지, 이를 찾아보는 방법부터 알아봅시다.

첫번째로 '어떤 아이템으로 할 것이냐?', 컨셉 선정부터 봅시다. 회사가 기존의 비즈니스 모델만으로 성장이 불확실한 경우에 어떤 대응을 할까요? 여기에는 두 가지 해결 방법이 있습니다. 첫째는 새로운 비즈니스를 발굴하는 것이고 둘째는 'M&A(인수 합병)'입니다.

새로운 비즈니스 발굴을 살펴봅시다. 새로운 비즈니스를 하기 위해 아이템을 선정하는 일은 긴 여정입니다. 선정할 때에는 그 아이템이 잘 될 것인지를 보는 '시장성'과 자사가 하기에 적합한 사업인지를 보는 '자사 적합성', 두 가지를 동시에 봐야 합니다. 아이템을 찾기 위해 취하는 순서는 다음과 같습니다.

(1) 먼저 소비자의 일상을 관찰한다. 그 일상에서 불편한 부분을 발견한다.
(2) 그 불편한 부분(Pain Point)을 해결해 줄 수 있는 아이디어를 생각한다.
(3) 그리고 그 아이디어들을 컨셉 보드로 만든다.
(4) 마지막으로 소비자 선호도 조사를 통해 최종 컨셉을 확정한다.

각각에 대해 자세히 살펴보기로 합시다.

인사이트

1996년의 어느 날, 리드 헤이스팅스(Reed Hastings)는 비디오 대여점에서 빌린 영화 〈아폴로13〉을 6주 늦게 반납하여 40달러를 물게 된 후, 한 가지 의문에 사로잡혔습니다. '비디오를 빌려본 뒤 제때 반납하지 않았다는 이유로 왜 비싼 연체료를 물어야 하느냐'는 거였습니다. 불쾌해진 그는 '연체료 없는 비디오 렌탈 사업을 하면 어떨까? 비디오를 집으로 배달해 주면 어떨까?'하는 생각을 하게 되었습니다. 이게 바로 '넷플릭스'의 시작이었습니다.[5] 이런 것을 인사이트(Insight)라고 할 수 있습니다. 이런 빅 인사이트를 찾기 위해 회사에서는 어떤 방법을 사용할까요? 사업의 아이디어를 찾는 방법에 대해 말씀드리겠습니다.

2 넷플릭스의 시작은 창업자가 직접 겪은 불편함에서 비롯되었다. 창업자 리드 헤이스팅스의 모습[6]

　무엇부터 시작해야 할까요? 일단 대상 소비자 집단을 정하고 그들을 만나봅니다. 그 사람들이 그들이 구입한 제품을 어떻게 쓰고 있는지, 특히 사용 중 불편한 점은 무엇인지를 살펴봅니다. 소비자의 행동을 잘 관찰한다는 측면에서 인사이트 발굴에는 에스노그라피(Ethnography, 인류학) 방식이 많이 사용됩니다. 에스노그라피는 인류학적 접근법입니다. 집을 직접 찾아가서 사용 장면을 눈으로 보고 사용에 관해 얘기를 나누는 혁신의 방법은 인류학에서 대상을 관찰하는 방법과 유사합니다.

3 소비자의 집을 방문하여 실제 제품 사용 모습을 관찰하는 모습[7]

디자인 기업, IDEO 대표인 톰 켈리(Tom Kelley)는 "이노베이션은 눈에서 시작한다."[8]라고 했습니다. 관찰을 하는 데 있어 잊지 말아야 할 중요한 원칙이 있습니다. 사용자의 시선을 갖고 있어야 한다는 것이죠. 예를 들어 아이들을 위한 서비스일 경우, 어린아이의 시선을 유지한다는 것은 생각보다 쉽지 않습니다. 주부의 시선, 환자의 시선이 다 다르죠.

부엌에서 유치원생이 보는 시선의 예를 볼까요? 유치원생의 키로 싱크대 위의 여러 물컵 중 어떤 게 깨끗한 것인지 고르는 일은 쉽지 않습니다. 한 번은 무릎을 구부리고 아이의 시선을 유지한 채 싱크대를 본 적이 있었습니다. 어른들은 위에서 아래 방향으로 넓게 내다볼 수 있지만, 아이는 정면밖에 볼 수 없습니다. 이런 아이의 시선으로 만들어낸 제품이 있었죠. 냉장고에 어린아이를 위한 냉장 칸을 추가한 제품입니다. 아이의 키에 맞춰 쉽게 열 수 있고, 그 공간에는 아이들 간식을 따로 보관할 수 있었습니다. 시장 반응은 아주 좋았습니다.

4 미국에서 출시된 프렌치도어 냉장고. 어린이 식품 전용칸이 탑재되어 있다 [9]

아이디어

좋은 인사이트를 발견했으면 그 다음 해야 할 일은 그 인사이트를 토대로 아이디어를 만드는 일입니다. 인사이트 더미를 놓고 아이디어를 떠올립니다. 아이디어를 만들기 위해서 우리가 많이 쓰는 방법은 '브레인스토밍(Brainstorming)' 방법입니다. 발견된 하나의 인사이트를 주제로 하여 아이디어를 내달라는 퍼실리테이터(Facilitator)의 주문이 내려집니다. 왼손에는 포스트잇, 오른손에는 마커 펜을 들고 아이디어를 생각해내는 순간입니다. 한 아이디어에 1분이 넘지 않는 길지 않은 시간이 사용되지만, 그 순간에 여태까지 집적된 수많은 인풋들이 융합됩니다.

아이디어를 낼 때 포스트잇을 이용하여 보드나 벽에 붙이게 되는데, 이때에는 항상 자기가 낸 아이디어가 어떤 것인지 방 안의 동료들에게 얘기하는 과정을 거칩니다. 아이디어가 잘 떠오르지 않을 때, 옆에서 누가 자기 아이디어를 얘기하면 갑자기 나도 좋은 아이디어가 생각나는 경험을 해보지 않으셨나요? 옆 사람의 아이디어가 나의 아이디어를 촉발시키고 나의 아이디어가 또 옆 사람의 아이디어를 발전시키는 집단 지성의 위력이 발휘되는 것입니다.

마케팅 구루, 세스 고딘(Seth Godin)은 아이디어가 한 사람의 머리에서 나오는 게 아니고 회의 탁자에서 나온다는 이 진리를 '피드백 루프(Feedback Loop)'라는 용어로 설명했습니다. "프로와 아마추어가 뒤섞여 있는 부족들은 신생 아이디어들을 가속화하고 피드백 루프를 통해 아이디어를 전파하면서 더 많은 창조를 촉진한다."[10]고 이야기합니다.

5 아이디어 세션에서는 카테고리 별로 아이디어를 적어 분류한다. 포스트잇들을 유리창에 붙여 놓은 모습[11]

컨셉

컨셉은 아이디어와 무엇이 다른가요? 아이디어에 타겟과 가치 제안이 추가되면 컨셉이 됩니다. 명확한 타겟 소비자와 그 아이디어를 통해 소비자에게 제공하고자 하는 혜택(가치 제안)이 더해지는 것입니다. 컨셉을 잘 설명하기 위해 컨셉 보드를 만듭니다. 컨셉 보드를 소비자에게 잘 전달하기 위해서는 스토리 형식을 갖는 것이 좋습니다. 이야기의 필수 구성 요소들을 컨셉 보드에 적용할 수 있습니다. 『이야기의 힘』이라는 책에서 말하는, 이야기의 구성 요소들을 컨셉 보드와 연결하면 다음과 같은 순서가 됩니다.[12]

(1) 명확한 캐릭터 설정이 필요하다 → 메인 캐릭터는 한 주부다
(2) 스토리에는 갈등이 생기거나 균형이 깨져야 한다 → 주부는 한 제품을 사용하는 데에 있어 불편함을 느낀다
(3) 주인공이 그것을 극복해 나가는 과정을 그려내야 한다 → 새로운 기능이 부가되어 그 불편함을 해소해 준다
(4) 이야기는 내가 만약 저 상황에서 저 인물이라면 나도 똑같이 할 것 같다 라는 생각이 들게 해야 한다 → 해당 제품을 구매하면, 다른 소비자도 이때까지 겪던 불편함 없이 편리하게 제품을 사용할 수 있겠다는 생각이 들어야 한다

평가를 통한 컨셉의 선정

컨셉 보드를 갖고 컨셉을 검증하는 단계입니다. 이제까지 없던 새로운 것일 것, 기술적으로 구현 가능해야 할 것, 시장에서 팔려야 할 것, 이 세 가지 기준으로 컨셉의 수준을 평가합니다.

컨셉의 유용성에 대한 정량적 수치의 필요성에 대해서는 찬반이 엇갈립니다. 스티브 잡스(Steve Jobs)는 "사람들은 대개 자신이 원하는 것을 보여주기 전까지는 무엇을 원하는지 알지 못한다."[13]며 시장 조사를 통한 컨셉 선정의 효용성에 대해 의문을 품었습니다. 하지만 이 정량 조사 결과가 있으면, 컨셉이 죽지 않고 상품화하는 데까지의 과정에 유리합니다.

6 컨셉은 컨셉 보드에 정리되어 소비자들의 평가를 받는다. 사진은 중동 지역에서 실시한 주부 소비자 좌담회 모습[14]

컨셉의 실행과 반복

혁신을 얘기할 때 많이 인용하는 예시로 '마시멜로우 챌린지'가 있습니다.[15] 20개의 스파게티 면과 1m의 테이프, 약간의 철사 뭉치와 마시멜로우를 이용해 가장 높게 탑을 쌓는 과제가 주어졌습니다. 4명이 한 조이고 주어진 시간은 18분입니다. 경영대학원 졸업생들로 구성된 한 조는 과제가 주어지자마자 완성된 탑은 어떤 모양이 되어야 하는지에 대해 의논하고 전략을 세우기 시작했습니다. 스파게티 면을 세울 수 있는 방법에 초점을 맞춘 논의가 이어졌고, 논의 후 탑 쌓기를 시작했는데 그들의 탑은 무너지기를 반복했습니다.

놀랍게도 가장 높게 탑을 쌓은 조는 유치원생들로 이루어진 조였습니다. 이 조는 전략이나 역할 배분 따위에는 관심이 없었습니다. 그냥 일단 시작했습니다. 스파게티 면에 마시멜로우를 끼우고 높게 쌓는 일은 이들에게 재미있는 놀이였습니다. 무너지면 서로 피드백을 주고받으며 다시 쌓는 일을 반복해 나간 이 유치원생 조에게는 더 높이 쌓을 수 있는 충분한 시간 여유가 있었습니다.

이 사례는 혁신을 전략적으로 풀어야 할 과제로 보기보다 '했다, 안 했다'를 반복하는 놀이로 보는 것이 더 낫다는 시사점을 줍니다.

컨셉의 실행은 컨셉을 실제 제품으로 만들어보는 단계를 말합니다. 그런데 이 실행은 생각보다 잘 되지 않습니다. 많은 경우, 계속하여 재작업을 하게 되는데, 여기서 제가 굳이 '반복(Reiteration)'을 실행 후 마지막 과정 중 하나로 말하는 데에는 이유가 있습니다. 컨셉의 실행 후 반복 과정이 없는 경우는 없습니다. 이 무수한 반복의 과정을 프로세스 중 하나로 인식하느냐, 그렇지 않느냐는 큰 차이가 있습니다. 여기서 얘기하는 반복은 프로토타입(Prototype)의 일부 수정이 될 수도 있고, 심한 경우에는 인사이트를 다시 보고 기회 영역을 다시 설정하는 단계부터 시작할 수도 있습니다. 저는 이 반복을 NCD(New Concept Development, 신 컨셉 개발)의 가장 큰 특징이라고 생각합니다. 디자인 씽킹을 근본 사상으로 하고 있는 NCD이기 때문에 '빠른 실패'가 당연하게 하나의 필수 과정이 될 수 있습니다.[16]

『창의학수업』의 저자인 스탠 라이(Stan Lai) 교수도 비슷한 말을 했습니다. "창작이라는 단어를 나누어 보면, 대부분의 사람들이 첫 번째 글자인 '창'에 매료된다. 그것이 상상력, 공상력, 창조력 등 매력적인 대상들을 가리키기 때문이다. 이에 반해, '작'은 무미건조한 노동을 의미한다. 그러나 나는 창의적 과정에서 '창'에 속하는 부분은 10%에 불과하고, 나머지 90%가 '작'이라고 생각한다."[17]

실패를 기정사실화하고 가볍게 시작해야 합니다. 오히려 빠른 실패가 권장됩니다. 그것이 신제품 개발의 필수 단계인 '반복' 단계입니다.

Summary

컨셉은 소비자가 불편해하는 것이 무엇인지를 '관찰'하면서 찾게 되
며, 이는 여러 번의 반복을 통해서 완성된다.

5장

할 만한 사업인가에 대한 판단

아이템이 선정되었습니다. 다음 단계는 그 아이템의 사업성을 판단하는 단계입니다. 이 단계를 통과하면 투자를 받고 사업화 단계로 넘어갑니다. 통과하지 못하면, 아쉽지만 그냥 폐기됩니다. 이번 장에서는 사업 타당성 분석이라고 불리는 그 단계를 살펴봅시다.

시장 사이즈와 예상 판매량

제품이 소비자에게 주는 가치가 확실하다면 다음 단계로 넘어가게 되는데, 다음 단계는 그 가치를 통해 창출할 수 있는 시장 사이즈의 파악입니다. 전체 인구수, 전체 가구수, 연령대, 이런 식으로 좁혀 나가다 보면 우리의 제품을 살 사람들, 즉 전체 시장 사이즈가 나옵니다. 그리고 비슷한 관련 산업의 성장률을 바탕으로 우리 제품의 연간 시장 성장률도 예상할 수 있죠. 그럼 전체 시장 사이즈에 매년 성장률을 곱해서 향후 5년간의 시장 사이즈가 나오게 됩니다. 예를 들어, '한국의 세탁기 산업은 연간 100만대 시장이다'라고 할 때의 그 시장입니다.

지금까지는 제품의 전체 시장에 대한 계산이었습니다. 다음은 우리 회사 제품의 매출을 계산해 봅시다. 우리가 예상하는 우리 회사의 마켓 셰어(Market Share, 시장 점유율)가 있습니다. 이 마켓 셰어를 앞에서 산출한 시장 사이즈에 곱하면 우리의 연간 예상 판매 수량을 뽑아낼 수 있습니다. 이렇게 우리가 만들려는 신제품의 전체 시장 사이즈를 예상하고, 다음으로 우리 회사의 판매 수량을 예측해 보았습니다.

다음은 가격의 산출입니다.

비용과 가격의 산출

가격 결정 관련하여 먼저 'PVC(Price, Value, Cost) 이론'에 대해 설명 드리겠습니다. 이 이론에 따르면 가격(Price)은 소비자가 느끼는 가치(Value)보다 낮게, 그리고 비용(Cost)보다 높게 책정하면 된다고 합니다. 판매 가격을 결정하는 데 있어서 비용에 마진을 얹어 결정하는 기존의 방식에 소비자가 느끼는 '가치'를 더한 이론입니다. '소비자가 느끼는 제품의 가치는 자기가 지불하는 가격보다 조금 높아야 한다.' 가치, 가격, 비용에 대한 아주 명쾌한 해석입니다.

가격을 측정할 때, 가격은 소비자가 느끼는 가치, 제품의 원가, 거기에 덧붙여 경쟁사의 가격을 놓고 종합적으로 판단하여 결정합니다. 먼저 비용을 계산해 봅시다. 비용에는 재료비가 있을 것이고 제조하는 데 필요한 인건비가 있을 것입니다. 거기에 배달 비용, 창고 비용, 품질 보증(Warranty) 비용까지가 포함됩니다. 이런 것들을 다 합쳐서 매출 비용이라고 하는데요. 제품의 제조에 들어가는 직접적인 비용이라고 할 수 있습니다. 여기에 덧붙여서 간접적인 비용도 있습니다. 광고 비용과 R&D(Research & Development) 개발 비용 등이 있습니다. 이런 것들이 다 포함되어서 비용이 됩니다. 정확하게 말하면 제품의 원가가 되는 것이죠.

제품 원가라고 하는 것은 제품 판매 가격의 어느 정도가 될까요? 이해를 쉽게 하기 위해 '덩어리' 개념으로 설명해 드리겠습니다. 최종의 소비자 가격은 (1) 재료비, (2) 제조 인건비, 운반비, 창고비, (3) 대리점의 마진, (4) 제조사의 마진으로 구성됩니다. 대략 제품의 재료비가 1/4, 기타 비용들이 1/4, 대리점의 이득 1/4, 회사의 이득 1/4

로 구성된다고 할 수 있죠. 따라서 재료비가 10만 원이라면, 소비자 판매가는 40만 원 정도일 것이라는 어림짐작이 나오게 됩니다.

우리는 비용을 산출했고, 그 비용을 기반으로 하여 소비자에게 판매할 판매 가격까지 잡아 보았습니다. 예상 판매 수량과 그 수량을 판매할 가격이 나왔으니 이제 거의 다 왔습니다.

이익의 확인과 'Go', 'No Go'의 결정

시장 사이즈에 가격을 곱하면 매출이 나옵니다. 이 매출액에서 비용을 빼면 이익이 나오죠. 그럼 다시 원점으로 돌아옵니다. 투자자가 투자한 돈 대비해서 이익금이 1.0 이상이면 투자자 입장에서 투자를 결정하게 됩니다.

이렇게 사업을 시작하느냐 마느냐의 결정에 가격이 중요한 역할을 하게 됩니다. 다시 한번 정리합니다. 시장 사이즈 결정, 원가 파악, 가격 결정, 매출액과 이익의 산출, 투자금 대비 이익금이 많은지 파악, 이 순서로 사업을 할지 안 할지를 결정하게 됩니다.

투자자 입장에서는 투자 원금, 그리고 원금 대비 이익금, 이 계산이 모든 행위의 기준점이 됩니다. 새로운 상품을 내놓든, 새로운 설비를 들여놓든, 신규 직원을 채용하든, 모든 의사 결정의 기준은 이 투자 대비 이익입니다. 이러한 접근은 기업가 마인드의 한 요소이기도 합니다. 기업가 마인드를 이해하고 있으면 회사 생활이 조금은 편해집니다.

Summary

시장 사이즈, 제품의 가격, 제품을 만드는 데 들어간 비용, 이 세 가지를 가지고 이익을 산출하여 사업을 할지 안 할지를 결정한다.

6장

준비의 마지막,
브랜딩과 영업

시장에 내놓을 준비: 브랜딩

새로운 컨셉 개발 단계에서 만든 가치 제안을 소비자에게 제대로 전달해야 합니다. 이를 위해 마케팅팀에서는 마콤 브리프(Marketing Communication Brief)라는 것을 작성합니다. 소비자에게 어떤 메시지를 어떤 미디어를 통해 전달하겠다는 계획을 정리한 문서이죠. 신상품을 시장에 내놓는 고우-투-마켓(Go-to-Market) 전략의 핵심은 만든 상품을 어떻게 가장 효과적으로 소비자에게 알리느냐의 문제입니다.

소비자의 불만에서 시작해서 소비자의 니즈를 찾고, 이 니즈를 충족시킬 수 있는 상품 컨셉을 만들고, 이 컨셉을 우리 회사가 갖고 있는 기술과 연결하면 상품은 나오게 됩니다. 불만, 니즈, 컨셉, 기술의 4가지 순서에 따라 나온 상품은 소비자의 니즈에서 나온 것이므로 브랜드 제안도 명확합니다. 마케팅팀은 이 명확한 브랜드 제안을 소비자에게 효과적으로 전달하면 됩니다. 이 메시지를 소비자에게 어떻게 전달하고 각인시킬 수 있을까요? 이 때 필요한 것이 우리의 고유 장점(USP, Unique Selling Proposition)을 크리에이티브를 이용해 살짝 틀어주는 작업입니다. 이 작업은 광고 에이전시와 함께 합니다. 에이전시의 크리에이티브를 활용해 우리의 캠페인을 화젯거리로 만드는 작업을 합니다.

이 때 광고주와 대행사의 팀워크가 중요합니다. 광고주들은 '그래, 광고는 그래도 대행사들이 프로니까 알아서 잘하겠지'라는 생각으로 일임해 버리는 경우도 많이 있습니다. 제품, 고객, 시장에 대해서 충분히 파악하지 못한 에이전시에서 만든 광고들은 소비자들에게 크게 어필하지 못합니다.

브랜드는 여러 가지 브랜드 요소들이 수년간 쌓여 형성되는 것인데, 이렇게 잘못된 기획이 한번 들어가게 되면 그 회사나 제품의 이미지는 계획했던 목표치에서 점점 멀어지게 되고, 회복하기에 오랜 시간이 걸리게 됩니다. 따라서 그 회사의 제품과, 사용하는 고객에 대해서 광고주는 대행사에게 충분한 정보를 주어야 합니다. 카피라이터 송치복의 아래 이야기는 마케터가 역지사지의 입장에서 되새겨

들을 만합니다.

"아이디어를 위해 좀 재미있게 하려면 자연, 광고를 의뢰하는 회사의 제품 자랑에서 좀 벗어나게 되는데, 이러면 당장 날아오는 얘기가 '연관성(Relevance)이 없잖아!'입니다. 이 이야기는 제품이라는 땅에서 발이 떨어졌다는 이야기입니다. 그렇다고 제품 자랑을 충실히 또 박또박 강조해서 만들면 '아이디어 혹은 예술성(Creative)이 없잖아!'라고 합니다. 이 이야기는 아이디어가 날지 못하고 있다는 이야기입니다."[18]

연관성과 크리에이티브 두 가지를 동시에 잡아야 하므로 브랜드 마케팅의 역할이 크다고 할 수 있습니다.

영업

자, 이제 비즈니스의 마지막 단계입니다. 비즈니스의 목표는 매출과 이익을 높이는 것이라고 했습니다. 매출은 공급가에 판매 대수를 곱한 것이고, 이익은 마진에 판매 대수를 곱한 것이므로 결국 판매 대수를 높이는 것이 관건입니다.

판매 대수를 높이기 위해서는 무엇을 해야 할까요? 일단은 영업 채널을 늘려야 할 것입니다. 여기에서 채널이라면 자기가 직접 파는 직접 채널이 있고 대리점을 통해서 파는 간접 채널이 있습니다. 요즘에는 IT기술의 발달로 소비자와 공급자가 온라인상에서 쉽게 만날 수 있으므로 직접 채널의 기회가 점점 많아지고 있습니다. 아이템이 있으면 온라인 스토어에 입점해서 제품을 직접 파는 형태들을 많이 볼 수 있습니다. 어떻게 보면 시스템이 갖춰져 있으므로 판매하기에 더 좋은 환경이 된 것 같은데, 경쟁이 더 치열해진 측면도 있으므로 더 어렵다고도 합니다.

다시 직간접 채널로 돌아와 봅시다. 직접 채널이라고 하면 회사에서 운영하는 온라인 몰, 회사 직영 매장, 기업을 직접 상대하는 B2B 영업 등이 있습니다. 간접 채널이라고 하면 대리점을 통한 오프라인 판매와 온라인 판매, 하이퍼 마켓(Hyper Market)이라고 불리는 양판점, 홈쇼핑 등 여러 가지 채널이 있습니다. 각 채널별로 판매가가 틀리고 당사의 마진도 틀립니다. 심지어는 채널별 제품에 차이를 두는 경우도 많이 있습니다. 각 채널의 담당자가 그 채널에 적합한 프로모션 전략을 수립하여 시장을 공략하게 되고, 이 경우 채널의 담당자는 마케팅팀에 많은 지원을 요구합니다.

7 가전 전문점(하이퍼 마켓)의 매대에서 판매를 기다리고 있는 가전 제품들 모습[19]

그러면 영업과 마케팅의 차이는 무엇일까요? 마케팅이 잘 되어 있으면 영업을 할 필요가 없는 상황이 됩니다. 제품이 너무 좋으면, 예를 들어 음식이 너무 맛있으면, 입소문이 나서 고객들이 찾아가 줄을 서서 먹습니다. 별도의 프로모션이 필요 없습니다. 마케팅의 궁극적인 목적은 영업을 따로 할 필요가 없는 제품을 매대에 올려놓는 것입니다. 그래서 소비자가 필요로 하는 제품을 개발하는 것이 무엇보다 중요합니다. 『프라이싱 전략』의 저자, 토마스 네이글(Thomas Nagle)은 "마케팅의 개념은 기업이 만들어낸 것을 파는 것에서, 고객이 사고자 하는 것을 만드는 것으로 달라졌다."[20]고 얘기합니다.

채널별 영업 실적은 어떻게 점검하는지 알아봅시다. 경영 계획은 월별로 쪼개져 있습니다. 매월 점검 회의를 합니다. 목표에 도달하는 실적은 그리 많지 않습니다. 회의에서는 목표 달성을 어렵게 하는 위험 요소가 무엇인지, 만회할 수 있는 기회가 무엇인지를 집중적으로 파악합니다. 따라서 작년에 수립해 놓은 경영 계획 외에 현재 상황에 맞게 수정된 새로운 목표치를 만들게 되고, 그 수정된 목표를 달성하기 위해 뛰어다니게 됩니다.

목표의 이행 여부는 애초에 만들어 놓은 원래 경영 계획의 목표로 판단합니다. 연말이 되면 임원들이 짐을 싸는 경우가 종종 있지 않습니까? 이 경영 계획을 달성했느냐, 하지 못 했느냐에 따른 것입니다. 마치 프리미어리그 축구단 감독이 수립해 놓은 목표 순위에 미치지 못했을 경우, 어김없이 방출되는 것과 마찬가지라고 할 수 있습니다.

8 목표 순위에 미치지 못하면 방출되는 축구 감독처럼, 경영 계획을 달성하지 못하면 임원은 짐을 싸게 된다. 카타르 월드컵 경기 중 축구팀 감독의 모습[21]

자, 여기까지입니다. 제품의 개념 탄생부터, 개발, 그리고 판매까지 였습니다. 이 한 사이클이 완성되면 매출과 수익을 기대할 수 있는 것이고요. 통상적으로는 이 제품이 수백 개 있어서 각 제품별로 실적 관리를 하고, 회사 전체의 매출을 뽑게 됩니다. 어떻게 보면 심플한 일련의 과정인데요. 여기에 경쟁사, 그리고 소비자 요구의 변화, 공급처의 변화 등 각종 요인이 겹쳐지면서 일차원 방정식이 고차원 방정식으로 되고, 이 영업이란 것을 아주 복잡한 것으로 만들어 버립니다.

Summary

우리가 만든 제품은 마케팅과 영업을 통해 현금화되어 회사로 돌아온다. 한 사이클이 끝나고, 수립한 목표의 달성 여부에 대한 검토가 이루어진다.

7장

무엇으로 평가받는지는
알고 있자

여기까지 우리는 회사가 어떤 곳인지 회사가 우리에게 기대하는 것 그리고 실제로 회사에서 어떤 식으로 비즈니스를 하는지까지 살펴보았습니다. 이제 회사의 전체 움직임, 그리고 그 안에서의 나의 위치와 역할에 대한 파악을 토대로 맡은 업무를 수행해 나갑니다. 우리가 해야 할 일은 그것이고, 일 년간 그 일을 수행했다고 합시다.

이제는 우리가 한 일에 대한 '회사의 피드백'을 받을 차례입니다. 이 피드백 타임이 되면 뒤로 몸을 빼는 분들이 있습니다. 나 잘했다고 하는 것을 꺼리는 문화의 탓일 수도 있겠죠. "그냥 알아서 주십시오"하는 자세를 취하기도 합니다. 별로 유쾌하지 않은 주제이지만, 중요한 부분이니 한 번 살펴봅시다.

입사 후 몇 개월 정도 배우고, 그리고 일 년이 지나면 업무 목표를 세우고 그 목표의 달성 여부에 대해 고과 평가를 받습니다. 그 평가 결과는 그 회사에 재직하는 동안은 계속 따라다니게 됩니다. 첫 해에는 형식적인 고과를 받을 확률이 높습니다. 둘째 해부터는 본인에게 주어진 목표에 대한 평가를 받습니다. 본인이 어떻게 하느냐에 따라 평가가 달라집니다. 당신의 이메일, 회의에서의 발언, 프레젠테이션들이 당신을 평가하는 요소들이 됩니다.

본인에 대한 평가가 별로 후하지 않다는 것을 보고 놀라는 경우가 많습니다. 퇴사로 이어지는 경우도 드물지 않습니다. 명문대를 나와도 적응하지 못 하고 2, 3년 내에 나가는 신입들이 많습니다. 자기가 여태까지 해왔던 공부에 대한 평가와 회사에서의 평가 간에는 차이가 있습니다. 그 차이에 대한 면밀한 이해가 필요합니다. 그것이 없으면, '이게 뭐지?'하는 순간을 맞이하게 됩니다. 그렇다면 고과를 매기는 평가자들은 어떤 것을 가지고 평가를 할까요? 자, 고과를 매기기 전 머릿속에 떠오르는 것들의 순서입니다.

첫 번째, 평가 대상자의 존재감입니다.

이메일 간결하게 잘 쓰기, 회사 미팅에서 논리적으로 말하기, 옆부서와의 커뮤니케이션, 고객사와의 커뮤니케이션, 자료의 논리적 작성, 데이터 수집, 이러한 다양한 일들을 합니다. 다양한 각도에서 당신이 평가될 수 있습니다. 그런 평가가 모여서 '그 사람 참 똘똘하다', 아니면 '별로이다' 그런 얘기들이 나옵니다.

미국 USC 대학의 경영학 교수인 캐서린 리어돈(Kathleen Reardon)은 '존재감'을 위해 사내 모임에 나가라는 조언을 합니다. "그 직원은 회사 일만 끝나면 늘 개인 용무에 바빴고, 단 한 차례도 회사 야유회에 나오지 않았습니다. 참 좋지 않은 처사였지요."

결국 그 직원은 다음 회기 때 승진을 하지 못했다고 리어돈 교수는 말합니다. 뛰어난 업무 능력은 의문의 여지가 없었지만 아무도 그 직원을 제대로 알고 있지 못했다는 겁니다. 직원은 쓰라린 절망감을 맛본 후에 사내 사교 모임에 자주 참석하고 인맥을 쌓기 시작했다고 합니다.[22]

두 번째, 성과입니다.

앞에서 얘기했던 것처럼 회사는 경영 목표를 세우고 그 목표를 개인에게까지 할당합니다. 목표(Objective), 주요 결과(Key Results)의 머릿자를 따서 OKR이라고 합니다. 목표에 따른 주요 결과는 숫자로 표시되기 때문에 자신의 성과는 명확하게 드러납니다. 상사는 합의된 목표에 얼마나 도달했는지로 나를 평가하고 결과를 알려줄 것입니다. 그나마 객관적인 결과라고 할 수 있습니다.

세 번째, 전체 조직의 시선입니다.

제가 부하 직원에게 내린 평가는 저의 보스도 봅니다. 의식하지 않을 수 없습니다. '사장님이 보시기에 이 직원의 평가가 맞게 되었나'

를 제 스스로 한 번 더 검증하게 됩니다. 그리고 제가 내린 평가는 공식적으로는 아니지만 결국은 다 알게 됩니다. 따라서 인사팀이나 관련 팀의 팀장들도 의식하지 않을 수 없습니다. 그러므로, 피평가자의 입장에서는 자기의 보스뿐만 아니라 보스의 동료, 보스의 보스까지도 염두에 둘 필요가 있습니다.

성과만 갖고 평가받지 않는다는 것은 잘 알고 계실 것입니다. 성과에 못지 않게, 평소에 자기가 보이는 모습에 신경을 써야 합니다. 그리고 자기를 평가하는 상사, 그리고 상사의 상사에게도 자신의 존재를 어필해 보세요. 평가 결과가 달라질 것입니다.

어필하는 방법에는 여러 가지가 있습니다. 가장 고전적이면서 효과 있는 방법이 있습니다. 남들이 출근하기 전, 이른 시간에 출근하여 그 상사에게 매일 '출근 인사하기'입니다. 그러면 일단 상사에게 성실한 직원으로 각인될 수 있습니다. 상사에게 어필하기에 관해서는 리어돈 교수의 다음 충고도 귀담아들을 만합니다.

"한때 나는 승진 결정을 기다리는 한 동료에게 승진에 중요한 영향을 미치는 회사 중역과 점심 식사를 해보라고 조언해준 적이 있다. 하지만 그는 자신의 업무 실적이 이야기해줄 것이라며 기회주의적인 행동은 하고 싶지 않다고 했다. 나는 상사의 의견이 승진에 지대한 영향을 미치리라는 것을 알고 있었다. 결국 그 직원은 점심 식사를 나눌 대상을 다른 곳에서 찾았고, 승진에서 누락되었다."[23]

9 승진에 중요한 영향을 미치는 중역과 점심 식사를 해보라는 메시지가 담긴 리어돈의 책 『It's All Politics』. 국내판은 『성공한 사람들의 정치력 101』 에코의 서재

평가와 관련하여서는, 회사 내에서의 나의 존재감, 성과, 그리고 조직적인 안배에 대한 고려, 이렇게 세 가지에 대해 준비하면 된다고 말했습니다. 그 외에, 평가를 잘 받기 위해서 내가 할 수 있는, 기초적인 것 몇 가지를 추가해 보겠습니다.

첫째, '나의 평가자가 누구인지 정확히 파악하기'입니다. 그리고 그에게 어필합니다. 특히, 그럴 기회가 있으면 나의 평가자의 상사. 즉, 보스의 보스에게 어필하는 것도 좋은 방법입니다.

둘째, '평소에 하는 자잘한 일을 줄이고 발표 같은, 자신의 노출에 집중하기'입니다. 『삼국지』를 보면 병사들이 싸우기 전에, 장수들이 말을 타고 나가 일대일로 싸우는 장면이 항상 나옵니다. 발표는 마치 그 싸움과 같습니다. 그 싸움에서 지면 평가를 못 받는 것은 아주 당연합니다.

셋째, '모임에서 내 존재감 높이기'입니다. 회식을 포함하여 팀원들이 모인 모임에는 꼬박꼬박 참석하여 얘기를 많이 합니다. 축구에 골 점유율이 있듯이, 회사에는 '말 점유율'이 있습니다. 말 점유율이 낮다는 것은 '나는 이 조직에 별로 관심 없어요. 좋은 평가 그런 거 원하지 않아요'라고 의사를 표현하는 것과 마찬가지입니다. 그러니 모임 자리에도 준비하고 나갑시다.

넷째, '동료들에게 많이 베풀기'입니다. 예를 들어, 커피를 사야 할 기회가 왔을 때 기꺼이 지갑을 열고 인색하게 굴지 않는 것입니다. 사람에 대한 평가는 보스 한 명의 느낌으로 이루어지지 않습니다. 보스도 주위로부터 보고 듣고 영향을 받습니다. 그리고 요즘엔 옆에서도 밑에서도 평가가 일어납니다. 평가를 잘 받아서 얻는 기쁨은, 분명 동료에게 베푸는 소소한 투자보다 클 것입니다.

마지막으로, '보스와 회사에 대한 마음가짐을 재점검하기'입니다. 밤 늦은 시간, 아니면 불가피한 휴일 근무. 아무도 없는 사무실에 나가 있어 보세요. 나가서 평소에 보지 못했던 자료들을 보면, 왠지 내가 회사를 사랑하는 사람이 된 것 같은 기분이 듭니다. 운 좋으면 평가자와 조우하고 눈도장이 찍힐 수도 있습니다.

살펴본 바와 같이, 평가를 받는 데에는 성과 이외에도 많은 요소가 있고, 평소 신경 써서 할 수 있는 것들 또한 많다는 것을 알았습니다. 그럼, 이제 나에게 고과가 내려졌다고 생각합시다. 자신에게 내려진 이 고과에 대하여 어떻게 반응하는 것이 좋은지 '자기 객관화'라는 주제를 가지고 다음 장에서 얘기해보도록 하겠습니다.

Summary

본부, 팀 평가 후에 내 평가가 이루어진다. 평가 시즌에는 피하지 말고, 평가에 적극적으로 임하자. 그리고 성과 이외의 평가 요소에도 신경을 쓰자.

8장

고과에 대한 자기 객관화와 이직

자기 객관화, 즉 자기 자신을 객관적으로 똑바로 본다는 것은 쉽지 않습니다. 회사 생활에는 세 가지 허들이 있습니다. 낮은 고과, 승진 누락, 그리고 퇴사 압박, 이렇게 세 가지입니다. 이 허들이 앞에 세워졌을 때 회사 생활이 많이 힘들어집니다. 이 허들의 근간이 되는 것이 평가입니다. 어떻게 보면 남에 의해서 나에게 매겨지는 '객관적인' 평가라고 볼 수도 있습니다. 그런데 낮은 평가를 받았다면 수긍하는 것부터 쉽지 않습니다.

　'이해가 안 된다. 내가 왜 이런 평가를 받아야 하나? 누구누구보다 실적 면에서 이런 면이 앞서는데'라는 반응이 제일 먼저 나옵니다. 자기 객관화가 잘 되는 사람이라면 어떻게 반응할까요?

　"아. 그렇습니까? 제 능력이 회사가 기대하는 것에 미치지 못하는군요. 죄송합니다. 제 역량이 부족하니 저 대신 다른 사람이 일할 수 있게 자리를 비켜드리겠습니다. 혹시 제가 따라잡을 수 있는 역량이라면 조금 더 노력해 보겠습니다만, 그럴 수 있어 보이지는 않는군요."

물론 이런 식으로 대답하는 사람이야 없겠지만 회사에서 원하는 대답은 그것일 수 있습니다. 회사에서 원하는 것은 그것인데 본인은 그럴 생각이 하나도 없으니 그때부터 회사와 서로 삐걱거리는 것입니다. 피드백을 주는 상사도 힘든 건 마찬가지입니다. 『토론의 전사』의 저자, 유동걸은 상사의 피드백에 대해 이렇게 얘기합니다. "피드백을 피 철철 흘릴 만큼 아프게 할 수 있다는 것은 사실 그 삶에 대한 애정이 있으니까 할 수 있는 것이다."[24]

회사가 주는 이 메시지를 겸허하게 받아들여야 할 필요가 있습니다. 이제는 상위 고과를 받을 때도 되었는데 전혀 못 받고 있다든지, 리더로 지명될 때도 되었는데 그럴 낌새가 안 보인다든지, 뭔가 겉도는 느낌을 받는다든지 느낌이 올 겁니다. 저도 그랬습니다만 많은 경우, 회사의 이 메시지를 누구나 겪는 통과 의례 정도로 가볍게 여기고 빨리 지나가려 합니다.

'한 번쯤 겪게 되는 역경이다. 이런 역경을 넘어서야 큰 사람이 되는 거야. 여태까지 그래왔듯이 이 시기를 잘 극복하고 다음 기회를 노리자.' 이렇게 긍정적으로 접근을 하죠. 사실 우리가 그렇게 대응하도록 교육받은 탓도 있습니다. 하지만 이것은 잘못된 반응입니다.

현실 직시가 안 된 것이고 자기 객관화가 안 된 것입니다. 자기 객관화라는 렌즈로 회사의 메시지를 들여다보죠.

"일 년 동안 수고했어요. 당신의 평가는 중간 등급인 B입니다. 당신 주위에 A 이상을 받으신 분이 몇 분 계십니다만, 당신한테는 상위 고과를 주기 어렵습니다. 참고로, 저희가 육성하려는 이 회사의 리더들은 상위 고과를 몇 번씩은 받았던 사람들입니다. 당신은 우리 회사가 생각하는 리더 상과는 조금 차이가 있는 것 같습니다"라는 메시지일 것입니다.

상사, 옆 팀, 동료, 부하 직원과의 관계 문제일 수도 있습니다. 아니면 맡고 있는 프로젝트를 원활히 끌고 가지 못했던 문제일 수도 있고요. 아니면 윗분들한테 뭔가 인상 깊은 이미지를 보여주지 못했던 문제일 수도 있겠죠.

저는 회사의 이런 메시지들을 무시했던 것 같습니다. 상사가 나쁜 피드백을 주면 속으로 '당신은 나를 아직 잘 모른다. 나의 능력은 당신이 생각하는 것보다 뛰어나다. 단지 기회가 오지 않았기 때문이다.'라고 생각했습니다. 자기 객관화가 안 되고, 주관적으로 나 자신을 방어하고 실패를 인정하지 않는 모습을 보였던 것이죠. 나는 나를 높게 보는데, 회사는 나를 낮게 보니 그 회사를 떠나서 나를 높게 봐

줄 만한 회사를 찾아갑니다.

제가 드리고 싶은 얘기는 이것입니다. 회사가 주는 신호를 무시하지 마세요. 한두 번이 아니고 몇 번 반복된다 싶으면 회사가 주는 메시지가 맞는 겁니다. 이 회사라는 조직에서, 회사가 당신을 보는 평가와, 당신이 당신을 보는 평가, 둘 중에서 어느 게 더 정확할까요? 회사가 보는 눈이 정확한 것이고 회사가 주는 메시지가 맞는 것입니다. 겸허하게 수용하세요. 회사는 냉혹한 곳이자 정확한 곳이기도 합니다.

한 가지만 더 추가하겠습니다. 회사가 나에게 주는 평가가 평균 이하라고 할 때, '아. 그렇구나. 그럼 회복하려면, 다음에 잘 받으려면 어떻게 해야 하지?', '내 어떤 부분이 부족한 거지?', '무엇부터 보완하면 될까?' 이런 자세를 취하지 마세요. 자기의 약점을 보완하는 데에는 너무 많은 시간과 노력이 필요합니다. 강점을 바탕으로 전략을 짜야 합니다. 남녀 관계에 있어 상대가 부정적인 시그널을 보냈다고 합시다. "내가 모자란 부분이 뭐야? 그 부분을 내가 보완할게."라면서 매달리는 편이 좋을까요? 아니면 "미안해. 하지만 누구는 내 이런 면이 좋다고 하네."라면서 자기가 돋보일 수 있는 포인트를 집중적으로 부각하는 게 좋을까요? 저는 후자가 더 성공 확률이 높을 것 같습니다.

이직보다는 이팀

정말 어쩔 수 없을 경우 이직하게 됩니다. 이직이 많아진 시대입니다. 미국에서는 자기의 능력을 인정해 주는 곳을 찾아서 이직하는 경우가 우리나라보다 훨씬 많다고 하죠. 프로 야구 선수들이 팀을 옮기는 것은 너무나도 자연스러운 일입니다. 팀에게도 좋고 개인에게도 좋은 일입니다. 하지만, 저는 회사에서의 이직은 말리고 싶습니다. 이직은 '정말 토 나올 것 같아서 못하겠다' 싶을 때, 그때 하십시오. 저도 한 직장을 8년 넘게 다니다가 이직한 경험이 있는데요, 그때는 오랫동안 같은 업무를 계속했던 터라 업무 변화에 대한 니즈가 컸었습니다. 회사에 부서 이동 요청도 했지만 진행이 잘 되지 않았습니다. 그 상황에서 같은 일을 계속하려니 정말 토 나올 것 같더군요. 그래서 이직했습니다.

10 프로 야구 선수처럼 능력을 인정해 주는 곳을 찾아 이직하는 것은 자연스러워 보인다. 하지만 회사에서 이직은 가급적 안하는 게 좋다. 사진은 미국 메이저리그 베이스볼 모습[25]

　반면에 팀을 옮기는 '이팀'은 권장합니다. 사실 이팀이라는 건 두렵습니다. 같은 회사 내에서 팀을 옮기는 건 껄끄러운 일이 많은 일이죠. 저는 이팀을 한 번 했고, 부하 직원을 이팀시킨 적이 있었습니다. 결과적으로는 성공인 적이 많았습니다. 하기 싫은 일 억지로 하는 것보다는 새로운 팀에서 새로운 일을 하는 게 본인에게나 회사에게나 이득입니다. 막상 맞닥뜨리면 껄끄러운 것도 그렇게 많지 않습니다. 옮기기 전에 괜히 본인만 그렇게 생각할 뿐입니다.

　정말 일이 마음에 안 들고 죽기보다 하기 싫다고요? 그럼 팀을 바꿔 달라고 부서 이동 신청을 하세요. 부서 이동 신청을 해도 안 받아들여진다고요? 그럼 그때 이직하는 겁니다. 사실 부서 이동 신청에 회사가 응하지 않는다는 건 회사에서 평가하는 본인의 가치가 그리 높지 않다는 반증일 수도 있습니다. 그러니 더더욱 이직을 하게 되는 것이고요.

지금 일은 하기 싫고, 부서 이동 신청했는데 안 받아들여지고, 그렇다고 이직도 하기 싫은 그런 경우도 많습니다. 그럴 때는 다른 방법이 있습니다. 다 그냥 그대로 두시고요. 본인을 바꾸시는 겁니다. 그렇게 해도 이직 또는 이팀한 것과 똑같은 효과가 날 수 있습니다. 어떻게 하냐고요?

- 출근 시간을 바꿔보세요. 앞당겨도 좋고 가능하면 늦춰도 좋습니다.
- 옆 동료들과 인사를 적극적으로 나눠 보세요. '저 사람 갑자기 왜 저러지?' 라는 말이 들릴 정도로 한번 해보세요.
- 평소 형식적이었던 이메일 인사말에, 인간미 풍기는 부드러운 몇 마디를 더 추가해 보세요.
- 점심 식사 후 "커피는 내가 쏜다." 일주일만 스트레이트로 해보세요.
- 생각만 있었지 언뜻 용기를 내지 못했던 동호회 총무에게 문의 이메일을 날려보세요.
- 얼굴 보자 얘기만 했던 전 직장 동료, 먼저 만나자고 하세요. 만나는 사람들의 폭(Pool)도 넓혀 보는 겁니다.

자기 자신이 해왔던 습관과 루틴에 변화를 줘 보는 겁니다.

일이 정말 싫다고요? 그럼 부서 이동 신청을 정말 심각하게 고민해보세요. 용기가 나지 않으시면, 본인을 바꾸는 프로젝트를 진행해보시기 바랍니다. '그래도 저래도 안 된다', '부서 이동 신청은 안 받아들여지고 나에게 변화를 줘도 똑같다', '똑같은 일을 계속 하자니 정말 토 나올 것 같다' 그럼 그때 이직하는 겁니다.

Summary

회사가 내게 주는 평가를 수용하라. 만약 최저의 고과를 받았다면 회복하려 하기보다는 당장 짐을 싸라. 이직을 생각하고 있다면, 그것보다 팀을 옮기는 것을 먼저 시도해보자. 그 편이 훨씬 안정적이고 편안하다.

PART II.

회사 안에서
살아남기 위해
우리는 어떻게
해야 하나?

9장

말과 글을 다듬는 것은 기본이다 1

PART I 에서 우리는 회사가 얼마나 살아남기 위해 노력하는 곳인지를, 그리고 얼마나 효율성 위주로 돌아가는 곳인지를 살펴보았습니다. 그렇다면 회사라는 객체의 한 리소스인 우리는 어떻게 해야 할까요? 일단 가장 기본적인 것부터 제대로 해야겠죠. 제대로 된 상황 판단, 그리고 자기 생각의 정리, 그리고 표현과 전달입니다. 수사(修辭)라고 불리는 것들입니다.

미국의 역사 작가인 '윌리스 리기어'(Willis Regier)는 수사에 대해 이렇게 설명했습니다. "아테네의 시민은 누구든지 종류를 불문하고 어떤 정치적인 집회에서든 자신의 생각을 거침없이 표현할 수 있는 분위기에서 살았다. 유복한 아테네인들은 말 잘하는 방법을 가르치는 개인 교사로부터 웅변술과 수사학 교습 받기를 몹시 원했다."[26]

수사, 이게 제대로 되어 있지 않으면 뒤의 것들은 논의조차 불필요합니다. 논리적으로 잘 쓰고 잘 얘기하는 스킬에 대해 먼저 알아보도록 합시다.

이메일

먼저 이메일입니다. 회사에 들어가면 이메일 하나 쓰는 게 생각보다 쉽지 않습니다. 일단 수신처를 설정하는 것부터가 어렵습니다. 이메일을 쓸 때 수신처를 타이핑하다 보면 그 수신처 얼굴이 떠오릅니다. 각 수신처의 이해 관계가 다 다르니 썼다 지우기를 반복하게 됩니다. 이메일 하나 때문에 부서 간 고성이 오가는 일들도 많습니다.

업무의 대부분(안건 발의, 안건 설명, 토론, 결정)이 이메일로 이루어지기 때문에 흐름에 맞지 않는 엉뚱한 이메일 하나로 본인에 대한 평가가 나빠질 수도 있습니다. 리어든 교수는 이메일 작성에 대해 다음과 같은 얘기를 합니다. "맥신은 위의 이메일을 결코 보내서는 안되었다. 마음속에 있는 생각을 종이 위에 후련하게 털어놓고 일종의 카타르시스를 느낀 후, 그것을 다시 편집하고 문장 표현을 바꾸었어야 했다."[27]

그러므로 이메일은 신중하게 작성되어야 합니다. 여기서 신중하게라는 말은 '논리적으로'라는 말이기도 합니다. 논리가 타당하면 공격받을 일이 없습니다. 자기의 주장에 대해서는 타당한 근거를 제시하면 됩니다. 근거를 제시할 때는 근거들이 겹치지 않게, 그리고 문제의 영역을 빠짐없이 다 포괄할 수 있도록 해야 합니다. MECE(Mutually Exclusive Collectively Exhaustive)라고 하죠. 겹치지 않는 것이 ME이고, 빠지는 것 없이 다 포괄하는 것이 CE입니다.

이메일, 회의 자료, 회의에서의 발언, 이 모든 것이 갈등을 유발시킬 수 있는 소재들입니다. 그러므로 논리적으로 쓰고 논리적으로 말하는 것들에 대해서 평소 관심을 갖는 게 좋습니다. 스탠포드 경영대 교수인 로버트 서튼(Robert Sutton)은 이렇게 얘기합니다.

"인텔은 훈련 강좌, 역할 연습, 매니저와 리더들이 싸웠던 사례 등을 통해 언제 어떻게 싸워야 할지를 직원들에게 가르친다. 인텔의 모토는 '논쟁하라, 그러고 나서 헌신하라'이다."[28]

논리적으로 쓰고 말하기 관련해서는 바바라 민토의 책 『논리의 기술』을 추천합니다. 자료를 만들 때 많은 도움이 됩니다.

11 논리적으로 쓰고 말하는 능력을 배우는 데 유용한 바바라 민토의 『논리의 기술』, 더난출판사

프레젠테이션

다음은 프레젠테이션에 대해 살펴봅시다. 프레젠테이션 자료 작성 요구를 받으면 일단 PPT부터 띄워 놓는 사람들이 있습니다. 그러면 안 됩니다. 먼저 워드를 띄워 놓으세요. 그리고 자기의 생각을 정리하세요. 자기의 주장과 그 주장의 근거들을 정리하세요. 그 주장의 근거들에는 그래프, 표, 데이터 같은 것들이 들어갈 것입니다. 워드 작업이 다 완료되면 그 워드 파일을 갖고 PPT 자료를 만드는 작업을

시작합니다. 저는 그것도 모르고 일단 PPT를 띄워 놓고 첫 번째 슬라이드 가운데 세로선을 하나 긋고, '자, 이 슬라이드의 왼쪽 공간은 무엇으로 채울까?'부터 시작했습니다. 자기가 무슨 주장을 할지 정리되지 않은 상태에서 무슨 데이터를 보여 줄지를 먼저 생각했던 것입니다. 주장이 먼저고 그 주장을 지지하는 데이터가 나중인데 보여 줄 데이터를 먼저 찾았으니 작성이 처음부터 잘못되었던 것입니다. PPT 작성 시에는 PPT부터 띄워 놓지 말고 워드 먼저 띄워 놓으시기 바랍니다.

자료 작성이 다 끝났으면 이제 발표를 해야 합니다. 자료의 작성도 어렵지만 발표는 더 어렵습니다. 여러 사람 앞에서 발표를 한다는 것은 왠지 사람을 주눅들게 만듭니다. 저도 그랬습니다만 '발표 자료는 내가 만들어 줄게. 발표는 네가 해라' 이런 마음도 듭니다. 정말 어리석은 생각입니다. 회사 생활에 있어서 나를 드러내 보일 수 있는 몇 안 되는 기회 중 하나가 발표인데 그것을 회피한다는 것은 회사에서 인정받는 걸 포기한다는 얘기와 별반 다르지 않습니다. 피하기보다 오히려 발표할 기회를 호시탐탐 노리는 게 맞습니다.

이렇게 발표를 피했던 이유는 명확했습니다. 그것은 '준비'를 다 하지 않기 때문입니다. 예를 들어, 수요일 오전 10시 주간 회의에서 발표해야 한다고 생각해 봅시다. 우리는 마음 속으로 '다음 주 월요일까지 자료 작성을 다 완료하고 화요일에는 리허설하고 수요일에 발표한다' 이런 식의 계획을 세웁니다. 그런데 실제로는 어떻습니까? 자료 작성은 계획했던 월요일이 아니고 화요일에 끝나는 경우가 대부분일 겁니다. 상사도 '수요일 발표니 화요일까지 피드백 주면 되겠지'라고 생각할 가능성이 높습니다. 결국 화요일 퇴근 시간에 나온 최종 자료를 가지고 연습도 못하고 수요일 오전에 발표하게 됩니다.

연극 배우는 대본을 가지고 무대에 올라가기 전에 리딩, 연습, 리허설의 단계를 거칩니다. 그런데 우리는 최종 대본을 가지고 겨우 리딩 몇 번하고 무대에 올라갑니다. 회의 당일에는 회의실의 프로젝터 사용이나 자리 배치 등으로 연습할 시간은 더더욱 없을 공산이 큽니다. 충분히 준비하지 못했기 때문에 자신감이 없고 그것은 표정이나 목소리에서 드러납니다.

제가 드리려는 얘기는 간단히 말하면 이겁니다. 프레젠테이션 자료를 작성하는 데 공들이는 만큼, 자료 발표를 위한 연습에도 공을 들여야 합니다. 즉 '자료 작성 → 발표'가 아니고 '자료 작성 → 발표 연습(리허설) → 발표'라는 겁니다. 대본이 나오면 그 대본을 들고 바로 무대에 오르는 배우는 없습니다.

12 프레젠테이션을 할 때에는 목소리의 크기, 속도, 높낮이에 신경 써야 한다.[29]

　주위에 보면 정말 프레젠테이션을 깔끔하게 잘 하는 사람들이 있습니다. 좋은 목소리, 주요 참석자들과의 적당한 아이 컨택, 너무 서두르지 않는 여유로움 등 '어떻게 하면 저렇게 하지?'하고 부러워하게 만듭니다. 똑같이는 안 되더라도 우리도 비슷하게 할 수 있습니다. 내 목소리의 속도, 내 목소리의 크기, 내 목소리의 높낮이같이 별로 신경 쓰지 않았던 것들에 관심을 가져 봅시다. 목소리는 너무 서두르지 말고, 그렇다고 너무 느릿느릿 얘기하지도 맙시다. 목소리의 크기는 전화에 대고 얘기하는 크기가 적당합니다. 목소리의 높이는 가능한 저음을 낸다고 생각하고 얘기합시다. 저음이 설득력도 있고 듣기에는 더 좋습니다.

프레젠테이션에서의 제스처

면접관으로 참여한 적이 있습니다. 저의 면접관 경험에 비추어 볼 때, 피면접인의 첫 인상만으로 그 사람의 평가가 많은 부분 결정되는 게 대부분이었습니다. 말하는 것을 듣고난 후, 평가가 달라지는 경우는 생각보다 많지 않았습니다. 초기 1분 안에 결정이 난다고 할까요? 자신감 있는 표정을 짓는 것, 배우처럼 연기하는 것의 필요성을 절감하였습니다.

면접 때 발표까지 하는 '발표 면접'의 경우, 피면접인의 여러 몸동작을 보게 됩니다. 면접관으로 느꼈던 제스처에 대한 몇 가지 포인트를 말씀드리겠습니다.

첫째, 손짓을 하는 것은 괜찮습니다. 다만 너무 요란하지만 않으면 됩니다. 손을 얼굴에 갖다 대는 것은 자신감이 없어 보여 좋지 않습니다. 왼손에는 내가 갖고 있는 시계 중 가장 좋은 것을 차고 오른손에는 좋은 볼펜을 듭시다. 중국 영화에 보면 사부에게 인사하는 손자세가 있습니다. 손에 아무것도 쥐고 있지 않아 어색할 때에는 이 자세도 자연스러워 보입니다.

둘째, 몸은 건들건들하지 맙시다. 꼭 필요한 움직임만 하고, 나머지는 '고정'이라 생각합시다. 가만히 서 있는 것은 생각보다 어렵습니다. '가만히 있기' 연습을 해봅시다. 손도 축 내려뜨리고 필요할 경우 오른손만 올렸다 내렸다 해봅시다. 면접에서는 그것이 자연스럽습니다. 불필요한 움직임을 다 제거해야 합니다. 몸동작이 꼭 필요하다면 아예 일어서서 테이블 바깥으로 나가십시오. 나가서 넓은 공간에서 큰 몸짓을 하십시오.

셋째, 몸짓을 과장되게 해야 할 때도 있습니다. 설득이 필요하면 무릎도 굽혀 자세를 낮춰 보십시오. 이때에는 몸짓을 아끼지 마십시오. 몸짓만으로도 청중에게 감동을 줄 수 있습니다. 무용 공연을 본 적이 있습니다. 아무 말 안 하고 몸짓만으로 감동을 줄 수 있다는 사실에 놀랐습니다. 몸짓의 파워를 실감해 보십시오. 신체의 움직임에는 강한 파워가 있습니다.

넷째, 표정에 있어서는 자신감, 그리고 미소가 중요합니다. 너무 환한 미소는 과할 수 있으니 적당히 조절하여 살짝 미소를 지어 줍시다. 그리고 자신감에 찬 표정을 짓습니다. 신인 연기자를 뽑는 SBS의 〈기적의 오디션〉이라는 프로그램이 있었습니다. 그 프로를 보고 얼마나 다양한 표정이 가능한지 알 수 있었습니다. 면접도 연기라 생각하고 표정 연습을 많이 합시다.

다섯째, 아이 컨택도 중요합니다. 아이 컨택에 있어 한 가지 중요한 것은 시선의 고정 시간을 길게 잡아야 한다는 것입니다. 아이 컨택은 하는데 그 아이 컨택이 너무 빨리 이 사람에서 저 사람으로 이동하는 경우가 있습니다. 자신이 청중이었던 때를 떠올려 보십시오. 발표자의 시선을 기다렸고, 그 시선이 왔을 때 너무 빨리 지나가면 아쉬웠습니다. 적어도 3초는 한 청자의 눈을 지그시 바라봐야 합니다. '하나, 둘, 셋, 넷', 이동. '하나, 둘, 셋, 넷' 이동. 이런 식입니다. 내가 쳐다봐 주면 관객은 내 팬이 됩니다. 시선을 주는 만큼 프레젠테이션이 성공한다고 생각하고 시선을 아끼지 맙시다.

연극이나 드라마 대본을 보는 것도 좋은 방법입니다. 대본을 몇 번 읽다 보면 대본의 글자가 실제 무대에서 어떻게 읽혀져야 하는지 느낌이 옵니다. 프레젠테이션 자료의 글자들도 몇 번 읽어 보면 소리를 크게 강조해야 할 곳, 빠른 속도로 읽어야 할 곳 등 차이가 보이게 됩니다.

대본을 하나 볼까요? 노희경 작가의 〈세상에서 가장 아름다운 이별〉이라는 시나리오입니다. 행간마다 어떻게 다르게 말해야 할지 감을 느껴보시기를 바랍니다.

S#60. 거실.
정철: (다짜고짜 할머니가 들고 있는 연시 바구니를 바닥에 내팽개치고)
할머니: (멍하다)?

정철: (버럭) 왜 이 여잘 못 잡아먹어 평생을 그래요, 평생을! 이 노친네야, 도 대체 뭐가 못마땅해 그러냐구, 말해봐! 뭐가 못마땅해!

엄마: (놀라, 정철의 팔을 잡고 말리며) 왜 그래요?

정철: 말해봐요, 이 여자가 어머니한테 뭘 잘못했는지, 말해보라구!

엄마: 정신 없는 노친네한테 이게 무슨 행패래! 술 먹었음 곱게 자지.[30]

Summary

프레젠테이션의 순서는 '자료 작성 → 발표'가 아니고 '자료 작성 → 발표 연습(리허설) → 발표'이다.

10장

말과 글을 다듬는 것은 기본이다 2

청자와 사전 교감하는 것을 라포(Rappot, 친밀 관계)를 형성한다고 합니다. 프레젠테이션을 하다 보면 초반부에 '왠지 이게 아닌데, 시작이 영 글렀다'는 느낌이 들 때가 있습니다. 라포가 덜 형성된 것입니다. 본격적으로 설명하기 전에 청자들과 교감을 이루는 것에 많이 신경 써야 합니다. 일방적인 프레젠테이션 시작이 아닌, 늘 라포를 먼저 형성하는 습관을 들여봅시다.

"누구 여러분!" 하고 시작했으면 다음은 '포즈(Pause)', 그리고 '아이 컨택'입니다. 절대 그 다음으로 빨리 넘어가려고 하지 맙시다. 그리고, 목차는 꼭 말하고 넘어갑시다. PPT를 이용한 발표에서 목차를 건너 뛰는 사람이 많습니다. 목차는 말하는 것이 좋습니다. 목차를 말하는 게 더 자신감 있어 보입니다. 그리고 시간이 충분하다면 자료의 간단한 요약(Executive Summary)을 앞 부분에서 말해주면 더 좋습니다.

디베이트

프레젠테이션 다음은 디베이트(Debate)입니다. 국회 청문회 같은 걸 보면 설전(舌戰)이 있습니다. 차트 판을 들고 보여주면서 조목조목 따지고 상대방을 다그치는 장면들을 자주 봅니다. 회사에서 우리는 그런 차트 판 대신 PPT 자료를 보여 준다는 게 다를 뿐입니다.

논쟁에 대해 부정적일 필요는 없습니다. 논쟁은 합의를 위한 것이지 싸움이 아니므로 긍정적으로 받아들일 필요가 있습니다. 논쟁이 몸에 배어 있어야 합니다. 어쩌다 아랫사람과 논쟁하듯이 얘기를 하면 기분부터 나빠지는 상사들이 있습니다. 기분 나쁘게 받아들이지 말고, 설득하고 합의를 이끌어내야 합니다. 『논쟁 vs 언쟁』의 저자, 조제희는 '디베이트'에 대해 이렇게 설명합니다.

"주제를 파악하여 목적을 설정한 후, 자신의 주장을 어떤 방식과 표현을 빌려 강조해야 하는지 살펴야 한다. 이에 따른 수사학적 규칙에는 어떤 것이 있으며, 청중은 어떤 성향을 보이고 있는지, 반대 의견에 어떤 식으로 반응해야 효과적인지에 대해서도 계획을 세워야 한다. 이런 준비가 없다면 청중 혹은 독자의 동의를 끌어내는 일은 거의 불가능하다."[31]

프레젠테이션의 소통 방식이 원웨이(One way)라고 한다면 디베이트는 투웨이(Two way)입니다. 디베이트에는 일방적 연기(Acting)가 아니라 상호 작용(Interaction)이 있습니다. 원고를 준비해서 일방적으로 얘기하는 프레젠테이션도 중요하지만, 디베이트가 더 중요할 때가 많습니다. 의사 결정에 더 근접한 단계이기 때문입니다. 그러므로 프레젠테이션 기회를 만드는 것에서, 디베이트 기회를 만드는 것으로 발전시키는 것이 좋습니다. 남을 움직이는 것, 사람을 내 의도대로 움직이게 하는 것이 중요하고, 그러기 위해서 디베이트가 필요합니다.

TV를 통해, 영국 의회에서 이루어지는 토론을 보셨을 겁니다. 총리 질의응답(Prime Minister's Questions)이라고 불리는 이 토론을 보면, 상대 당에 밀리지 않기 위해서 의원들은 목소리를 크게 내고 말투도 많이 오버하는 것처럼 들립니다. 비슷한 전략으로, 회사에서 논쟁할 때에도 조금 오버하고 목소리를 높여야 할 필요가 있습니다.

13 양 당이 마주 본 채, 격렬한 논쟁을 하는 영국 의사당의 총리 질의응답(Prime Minister Questions) 모습[32]

디베이트를 즐기자

논쟁을 즐깁시다. 논쟁은 정치의 영역으로, 관련 팀들과의 갈등을 조정하고, 화합하는 능력입니다. 정치의 장에서 항상 벌어지는 일이 디베이트입니다. 디베이트할 때에는 자의식을 잠시 내려놓는 게 좋습니다. 내가 어떻게 보일지, 내가 말하는 것이 어떻게 들릴지를 의식하고 사전 체크하게 되면 타이밍을 놓치게 됩니다. 내가 어떻게 보일지를 의식하는 것을 벗어나서, 머뭇거리지 않는 것을 습관화할 필요가 있습니다. 남을 의식하지 말고, 갈등 관계를 스스로 만들어 보기도 하고, 또 그 갈등 관계를 풀어보는 역할도 해 봅시다.

소통의 요령

다음은 소통의 기술에 대한 이야기입니다.

첫째, 가만있다가 '욱'하기 전에, 미리 소통하십시오. 충분히 소통하면 다 풀 수 있습니다. 참고 참다 욱하는 일이 많습니다. 반면에 어떤 사람들은 참지 않고 처음부터 불만을 다 얘기합니다. 그러니 욱할 필요가 없습니다. 소통을 잘 하는 것입니다.

둘째, 의견은 좀 더 명확하게 말합시다. 쭈뼛쭈뼛하지 말고 뒤로 숨으려 하지 맙시다. '뭐, 내 마음을 다 헤아리겠지'라고 어림짐작하지 말아야 합니다. '혼나지 않을까'를 미리 예상하지 말고, 내 머리 안에 있는 것을 밖으로 꺼냅시다. 소통하려면 내 자신을 드러내야 하고 내 자신을, 내 감정을 표현해야 합니다. 상대방이 '내 의중을 알 것이다'라고 짐작하지 말고 '싫으면 싫다', '좋으면 좋다', '화났으면 화났다'고 자신의 감정을 확실하게 표현합시다.

셋째, 먼저 요지를 명확하게 얘기하고 그 다음에 그 이유를 들어야 합니다. 평소부터 화법을 그렇게 고쳐 나가 봅시다. 그러면 내 의견은 좀 더 명확해집니다.

넷째, 말수가 적다는 말을 듣는 편이라면 내가 하는 말에 곱하기 2를 해봅시다. 그래야 상대방이 쉽게 이해할 수 있습니다. 말을 잘한다는 말을 듣는 사람은 일단 말의 양이 많습니다.

다섯째, 설득력을 높이기 위해 비유를 사용해 봅시다. 글 쓰는 것도 마찬가지지만 말하기에 있어서도 비유는 큰 효과가 있습니다. '회의실에서 휴대폰 좀 쓰지 말라'는 백 번의 말 대신 '당신은 사우나 들어갈 때도 휴대폰 갖고 가나?' 같은 위트있는 한마디가 더 설득력 있을 수 있습니다.

컴포트 존(Comfort Zone)에 안주하려 하지 말고 갈등을 조장할 줄도 알아야 합니다. 그리고 그렇게 하려면 뭔가 제기하고 보여줘야 합니다. 회사에서 보여줄 것은 많지 않습니다. 일단 프레젠테이션입니다. 그러니 우선 프레젠테이션이나 디베이트할 기회를 찾아 나서야 합니다. 이걸 피하면 회사 생활은 잠시만 편할 뿐, 나중에는 힘들어집니다.

여기까지, 이메일, 프레젠테이션, 디베이트, 소통의 요령 등 수사에 대한 얘기를 드렸습니다. 승진자 심사 회의를 할 때 회의실 탁자 위에 올라온 후보의 이름을 보면, 저는 가장 먼저 이러한 것들이 떠오릅니다. 그 사람이 회의실에서 보여준 논리력, 프레젠테이션할 때의 자신 있는 표정, 간결한 이메일 내용, 통화할 때의 안정된 목소리, 이런 것들이죠. '수사'는 회사 생활에 있어서 기본 중의 기본으로, 갈고 닦아야 할 부분입니다.

Summary

자기의 생각을 올바로 말하고, 반박이 들어왔을 때 침착하게 논박할 수 있도록 평소 논쟁을 즐기자.

11장

'함께 일하는 걸
더 좋아한다'는 거짓말

회사에서는 같이 일하는 것을 잘해야 합니다. 아주 당연하고 간단한 얘기이지만 말처럼 쉽지는 않습니다. '걔 시키느니 그냥 내가 하지'하면서 혼자 합니다. 회의에서 내 안에 대해 반박 의견이 나오면 어떻게 하나요? 초반에는 논의를 건설적으로 끌어올리려고 하다가 논의가 격해지면, 나중에는 수긍하는 척하면서 한 발 빼기의 스탠스를 취하기도 합니다. 다른 사람의 안이 채택되고 난 후에는 내 일이 아니다라고 하면서 협조도 잘 안 하죠. 협업을 못 하는 것이죠.

입사 면접에서 많이 물어보는 질문 중에 하나가 "당신은 혼자 일하는 걸 좋아하십니까? 아니면 팀으로 일하는 걸 좋아하십니까?"입니다. 물론 독자적인 일의 수행을 더 선호하는 응답자들도 있을 수 있습니다. 하지만 팀으로 일하는 걸 좋아한다가 정답이라는 걸 아실 겁니다. 스탠퍼드대학의 경영학 교수인 '제프리 페퍼'(Jeffrey Pfeffer)는 이렇게 얘기합니다. "개인이 조직에서 거두는 성공은 그가 얼마나 다른 사람들과 일을 잘 할 수 있는지로 판가름 나는 경우가 대단히 많다." 그는 또 "조직 내에서는 대부분의 상황이 골프보다는 축구 경기와 비슷하다."[33]고 말했습니다.

일단 저도 이 협업 능력이 낮아서 힘들었던 경험이 있습니다. 제가 생각하기에 저는 자아가 좀 강한 편입니다. 회사에서 해결해야 할 어떤 문제가 주어졌을 때 저는 머릿속으로 문제점 파악, 해결안, 수행 방법들을 그립니다. 나만의 답을 머릿속에 갖고 있습니다. 관련인들과 얘기를 나눕니다. 제가 생각했던 방향이 아닌 쪽으로 얘기가 진행됩니다. 그 순간 저는 뒤로 한 발 물러섭니다. '저게 아닌데, 아니라니까. 어디 잘 되나 보자.' 이러면서 적당히 맞춰주고, 그 일을 나의 우선순위 목록에서 후반부로 위치시킵니다. 협업을 못하는 것입니다.

협업 능력이 있다는 것은 무엇입니까? 첫째, 자기가 맞다고 생각하면 그걸 설득시킬 수 있어야 합니다. 쉽게 포기하지 말고 설득할 수 있는 많은 방안을 모으고 그걸 가지고 얘기를 시작해야 합니다. 둘째, 자기가 생각했던 방향이 아닌 다른 방향으로 가기로 결정되면 그 결과를 받아들여야 합니다. 받아들이고 그 일이 잘 진행되도록 지원해야 합니다. '내 안이 안 받아들여졌어', '이제 이 일은 내 일이 아냐', '내가 열심히 해도 이 안은 다른 누군가가 칭찬받을 건데 뭐' 이러한 자기 중심적 사고를 버려야 합니다.

　제가 깨달은 것은 이것입니다. 우선, '정답'은 없습니다. 내가 보기에 이게 백 퍼센트 맞다고 생각할 수 있습니다. 그걸 이해 못 하는 다른 동료가 절대 이해가 안 되고요. 하지만 그 동료 입장에서는 본인의 생각이 맞을 수 있습니다. 이 사진을 볼까요?

14 착시 그림 〈나의 아내와 시어머니〉. 위키미디어 코먼스[34]

젊은 여자로 보일 수도 있지만 늙은 노인으로 보이기도 하죠. 그림의 예에서 보았듯이, 내가 옳고, 상대방이 틀리다는 당신의 생각은 항상 맞는 것은 아닙니다. 자기 주장에 대해 좀 겸손해질 필요가 있습니다. 그리고, 내가 가는 이 길과 상대방이 가는 저 길이 다른 길로 보이지만, 결과적으로는 같은 도착지점인 경우도 많습니다. 일을 해나가는 데에는 다양한 방법이 있습니다. 나의 길만 고집하지 마시고 유연함을 가지시기 바랍니다. '나는 당연히 독자적으로 일하는 것보다 팀으로 일하는 걸 더 선호하지'라고 쉽게 속단하지 마십시오.

그럼 이 협업 능력을 키우려면 어떻게 해야 할까요? 제가 최근 대학생들을 대상으로 얘기할 기회가 있었는데, 그때 협업에 대해 이렇게 이야기해 주었습니다. 먼저, 개인 리포트가 있고 그룹 리포트가 있을 때 그룹 리포트에 더 공을 들여라. 그룹 리포트에 더 공을 들였는데 다른 그룹원이 시원찮게 해서 점수가 더 안 좋을 수도 있습니다. 그 노력을 개인 리포트에 들였으면 종합적으로 더 좋았을지도 모른다고 생각할 수 있습니다. 물론 실제로 그럴 수 있습니다. 그럼에도 불구하고 그룹 리포트에 올인하라고 했습니다. 왜냐하면 회사에 가면 혼자 하는 일은 하나도 없기 때문입니다.

지금부터 자기 주장을 접는 법, 남의 주장이 더 나음에 승복하는 법, 이번에는 내가 빛이 안 나는 걸 감내하는 법, 메인이 아니고 서브로 일하는 법, 앞에서 욕 들으며 일하는 법, 이런 것들을 연습해야 하기 때문입니다.

둘째로 동아리, 동문회, 과 모임 같은 데서 총무, 회장을 하라고 했습니다. 저는 그런 감투를 씀으로써 배우게 되는 조율, 합의, 조정의 경험들이 가치 있다고 생각합니다.

"그런 거 할 시간이 어디 있어? 그 시간에 학점 올리고 토익 점수 더 높여야지."라고 생각할 수도 있지만, 적어도 회사에서는 그 감투를 통해 겪은 경험이 학업이나 외국어 실력보다 훨씬 더 필요할 것이라고 확신합니다. 저는 그런 '직'하고 거리가 먼 사람이었습니다. 혼자 일하는 게 편하고, 회의실에서 제 주장 얘기하다가 반격이 들어오면 다른 의견이 있을 수 있음을 당연하게 받아들이지 못했습니다. 그러다 결국 틀어지면 불편한 기색이 얼굴에 드러나곤 했습니다. 그러므로 이런 협업 능력은 오랜 시간에 걸쳐 개발해야 하는 고난이도의 능력이라고 생각합니다.

백이면 백 사람 다, 혼자 일하는 게 편합니다. 같이 일하는 게 좋은 사람은 아무도 없습니다. 물론 자신의 지식과 기량을 갈고 닦는 것이 더 중요한 곳도 있습니다. 하지만 회사는 같이 일하는 곳입니다.

오늘 하루, 나는 '내'가 아닌 '남'과 일하기 위해 무엇을 했는지 생각해 보시기 바랍니다.

Summary

당신의 생각이 맞지 않는 경우도 많다는 걸 인정해라. 그리고 내 안(案)이 아닌 상대의 안이 채택된 경우라도 한 발 빼지 말고 상대방의 안 진행을 위해 헌신하는 모습을 보여줘라.

12장

적극적 말고, 공격적

수사 능력, 협업 능력에 대해 얘기했습니다. 이번에 얘기할 내용은 영어로는 어그레시브함(Agressiveness), 즉 적극성입니다. 어그레시브함은 적극적이라는 뜻인데 보통의 적극성이 아니라 공격적으로 적극적인 것입니다.

다음과 같은 상황을 생각해 봅시다. 회사 밖 외부 대형 강당에서 워크샵을 하고 있고, 본부 인원 200명 정도가 모여 있습니다. 연단에 서 있는 본부장이 본론은 다 얘기했고, 관련하여 질문이나 건의 사항 있으면 얘기하라고 합니다. 물론 아무도 질문을 안 하죠. 어색한 공기가 흐른 후, 분위기를 개선해 보고자 팀장급에서 질문이 나갑니다. 본부장의 형식적인 답변 후, "다음?" 다음은 과장 이하 직급에서 질문이 나왔으면 하는 분위기입니다. 아, 가슴이 좁여옵니다. '내가 발언을 해야 하는 상황이 되면 어떡하지?' 고요함이 지속됩니다. 질문을 생각해 보기도 합니다. 바로 그 순간, 옆 부서의 대리 하나가 손을 듭니다. '어! 저 친구 용감하군.' 다행스러움과 약간의 아쉬움이 스쳐지나갑니다.

15 조금의 적극성을 보이려는 노력으로 회사 내에서 내 존재감을 높일 수 있다.[35]

물론 쉽지 않은 일입니다. 하지만 이 순간에 발언을 하는 것은 자신의 존재감을 높일 수 있는 아주 좋은 기회였습니다.

다른 예를 하나 더 봅시다. 두 부서의 주장이 첨예하게 대립되는 상황이 있습니다. 예를 들면 이런 경우이죠. 기획 부서에서 좋은 상품 컨셉을 개발했고 이 컨셉을 제품에 적용하자고 주장합니다. 제품 부서에서는 투자비와 개발비가 많이 드는데, 그것에 비해 판매량이 많지 않을 것 같으므로 그 컨셉을 폐기하자고 얘기합니다. 기획 부서의 얘기가 맞기도 하고 제품 부서의 얘기가 맞기도 합니다. 이 경우 당신이 기획 부서의 담당자라면 어느 정도 적극성을 보일 수 있을까요?

(1) 내 팀장에 얘기해서 힘을 실어달라고 부탁한다
(2) 제품 부서 담당자를 설득한다
(3) 제품 부서 담당자의 팀장을 설득한다
(4) 양 부서 위의 본부장을 설득한다

많은 경우 (3)까지 어렵사리 할 수 있습니다. 이 경우의 정석이란 기획 부서 팀장, 제품 부서 팀장과 본부장을 한자리에 모이게 해서 본부장이 결정할 수 있게 만드는 것입니다. 그보다 더 적극적이라고 한다면 본부장 위 사업부장, 또는 다른 본부장에게 지원요청을 할 수도 있겠죠. 결국은 적극성을 갖고 악착같이 매달리는 사람이 최종 승자가 될 것입니다.

양 부서에 있는 두 직원의 주장은 옳고 틀리다로 판단하기 어렵습니다. 실제적인 회사의 실익을 떠나서 적극적으로 밀어 부친 한 명이 승자가 될 것입니다. 회사란 그런 곳입니다. 그러니 회사 생활을 즐겁게 하고 싶다면 중요한 바로 그 순간 어그레시브함을 잃지 마십시오.

본인의 생각에 대해서 주장하고, 반격에 맞서고 스스로 물러서지 않는 모습을 보이시기 바랍니다.

'투자자 마인드' 장착

'적극적이다'라는 게 끝까지 가면 어디까지 갈까요? 내가 회사의 대주주라는 생각은 어떻습니까? 회사의 제일 큰 투자자는 대주주입니다. 회사에서는 이 대주주가 어떤 생각을 갖고 있는지를 아는 것이 중요합니다. 대주주의 생각이 모든 의사 결정의 기준이 되기 때문입니다. 대주주는 회사에 갓 입사한 직원들을 어떻게 생각할까요? 제가 대주주 역할을 한번 해보겠습니다.

"이 회사 시스템으로 들어오신 여러분을 환영합니다. 아시다시피 이 회사는 영속적이지는 않습니다. 30년 후에는 어떻게 될지 모르겠네요. 여러분 옆의 동료들은 아마 자리가 바뀔 것입니다. 그리고 여러분들의 리더로 계신 분들도 마찬가지로 얼마 있다가 자리가 바뀔 것입니다. 여러분들이 열심히 일해서 수익을 내면 그 이익금은 일부 여러분들에게 갈 것입니다. 나머지는 대주주에게, 그리고 회사에게 갑니다."

아주 대주주다운 생각입니다. 직원들은 뭔가 변화가 없고 안정적인 것을 원하지만 현실은 그렇지 않습니다. 회사와 회사를 둘러싼 시스템은 빠르게 돌아갑니다. 거시적으로 본다면, 직원들에게 지급된 월급과 보너스도 그들의 소비 활동을 통해서 다시 기업에게, 주주들에게 돌아가는 구조입니다. 직원들이라고 그 순환 구조를 모르는 것은 아니지만 카드 대금, 대출금 등이 월급에 묶여 있어 빠져 나오기 힘든 구조입니다. 저희는 그러한 전체 시스템 중 한 부분인 기업에 속해 있습니다. 기업에 속해 있는 회사원으로서 일을 하고 있는 것입니다.

그럼 회사 안에서 대주주 마인드로 일하면 무엇이 좋은 지 한번 살펴볼까요? 하나의 논쟁이 있습니다. A안으로 가야 할지, B안으로 가야 할지, 헷갈릴 때가 있습니다. 새로 개발한 제품을 출시해야 할지 아니면 문제가 있다고 하니 중도에 폐기해야 할지, 의사 결정하기가 명쾌하지 않은 경우입니다. 이럴 때 좋은 방법이 있습니다. 대주주로 빙의해서 판단을 하는 것입니다. 아마 의사 결정의 스케일이 달라질 겁니다. "내가 대주주다", "내 결정이 대주주의 이익을 더 우선시한다"라는 논리로 끌고 가면 그 결정은 어떤 논쟁에서도 밀리지 않을 겁니다.

"일 때문에 머리가 아프세요?", "결론을 어떻게 내려야 할지 골치가 아프세요?", "상사의 눈치, 나의 과도해진 작업량, 개발 부서한테 일거리를 만들어주는 것 같은 미안함, 영업 부서한테 과도한 매출을 강요하는 것 같은 미안함, 이런 것들 때문에 힘드세요?" 그럴 때의 처방은 오직 하나입니다. 다른 이해 관계자들 다 잊고, 대주주 마인드로 방향을 잡고 결론을 내리세요. 그럼 명확해집니다. 그럼 당신의 역할은 다한 겁니다.

Summary

회사에서는 절대 가만히 있지 말고 목소리를 높이고 주장하고 설득하라.
논쟁에서 내가 밀리는 것 같은 느낌이 들 때가 있다. 그럴 때에는 '대주주 마인드'를 장착해라. 논쟁의 승리 가능성을 높일 수 있다.

13장

뻔뻔해야 버틸 수 있다

자기 표현력도 됐고, 같이 일하는 능력도 있고, 적극적으로 일할 마음가짐도 됐습니다. 다음으로 필요한 것은 무엇일까요? 이번에 얘기할 내용은 영어 표현으로 띡 스킨(Thick Skin) 입니다. 'Thick Skin'. 얼굴이 두껍다. 뻔뻔하다는 것이죠. 당신은 뻔뻔하십니까? 아니면 순수한 편입니까? 회사 생활을 하면서 여러 사람들을 봤습니다. 순수한 사람들도 있고 뻔뻔한 사람들도 있습니다. 회사에서는 누가 더 잘 나갈까요? 잘 아시다시피 회사에서는 뻔뻔한 사람들이 잘 나갑니다. 순수한 사람들은 힘들어합니다. 그 이유는 무엇일까요?

저는 띡(Thick)하지 못합니다. "너는 왜 애가 그렇게 뻔뻔하냐?" 이런 얘기를 들어본 적이 없습니다. 남들이 나를 어떻게 생각할까 많이 의식합니다. 한마디 한마디 말을 하는 데도 조심스럽습니다. 말이나 행동에 있어 스스로에게 엄격하고, 남한테 원망이나 싫은 소리 안 들으려고 노력합니다. 누가 나를 낮게 평가했다거나 승진에서 누락

되거나 하면 엄청 상처받습니다.

　저는 총 세 번의 사표를 냈었습니다. 제가 제 자신에 대해 너무 엄격하지 않고 좀 뻔뻔했다면 사표를 내지 않았을 겁니다. 사원으로서 이것밖에 못 하나 하고 자책하지 않고, 뭐 처음이니까 그럴 수도 있지라고 조금 편하게 생각했으면 첫 번째 직장에 사표를 내지 않았을지도 모릅니다. 두 번째 직장도 마찬가지입니다. 저에 대한 기준이 너무 높아서, 거기에 도달하지 못한 제 모습에 실망하고 제 발로 나왔습니다. 남들은 나에 대해 별 생각 안 하고 있는데 혼자서 내 자신을 평가하고 저질러 버렸습니다.

　좀 뻔뻔했다면 어땠을까? 상처가 있었어도, 실수가 있었어도, 좀 참고 아무 일도 없는 척 태연했으면 어땠을까? 저는 너무 유리창이었던 것 같습니다. 속내를 너무 드러내고, 또 남들은 관심 없는데 저 자신을 너무 깔아 뭉갰던 것 같습니다.

　우리 좀 뻔뻔해집시다. 우리 자신에게 관대해집시다. 완벽하지 못한 내 자신, 나라도 좀 너그럽게 대해줍시다. '남들이 나를 어떻게 생각할까?' 이 생각을 내려 놓읍시다. 설혹 잠깐 생각할 수도 있겠지요. "쟤 형편없네. 알고 보니 아무개 과장 별 볼 일 없네." 그냥 듣고 흘려 버리는 게 좋습니다. 그들은 말해놓고 잊어버리는데, 나는 그 말을 가슴에 품고 있으면 나만 손해입니다. 잠깐이니까 그냥 무시합시다. 뻔뻔한 자가 이깁니다.

회사를 정글이라고 부릅니다. 다양한 성격의 사람들이 같이 사는 곳입니다. 공격적인 사람들도 있고, 순수한 사람들도 있고, 강한 성격의 사람들도 있고, 유순한 성격의 사람들도 있습니다. 너무 남에게 많이 신경 쓰는 것은 좋지 않습니다. 좀 피해를 끼치면 어떻습니까? 내가 좀 못나 보이면 어떻습니까? 어차피 회사 생활은 장기전입니다. 일희일비하지 않고 자기 낯을 조금 두껍게 만드는 것이 좋습니다.

사내 정치

사내 정치의 가장 기본은 자기 보스와 우호적 관계를 맺는 것입니다. 정치를 외면하면 그 대가는 가장 더러운 자에게 지배받는 것이라는 말이 있습니다. 일단 정치 없는 회사 생활은 없다는 걸 인정합시다. 역사 드라마를 보면 임금이 신하들과 정치를 의논하는 장소인 '조정(朝廷)'이 자주 나옵니다. 저에게 그곳은 두 집단이 맨날 토론하고 싸우고, 서로 잡아먹지 못해 난리가 나는 곳으로 보입니다. 회사도 똑같습니다. 그런 다툼이 없는 조직이란 상상할 수 없습니다. 그러니 이제 그런 '조정'에 내가 있다고 생각합시다. 정치의 장(場)입니다. 정치는 고도의 기술입니다. 이걸 잘해야 '스테이(Stay)'라는 우리의 목적을 달성할 수 있습니다.

한때, 저를 '회사형 인간'이 아니라고 생각했던 적이 있습니다. 그런데 지금 생각해 보니 회사형 인간이라는 건 없습니다. 예전에 『미움 받을 용기』라는 책을 보고, 인간에게 정해진 성격이란 없다는 것을 알게 되었습니다. 다 자기 자신이 만들어 놓은 틀일 뿐입니다. 관리자형 인간, 실무형 인간, 이런 분류가 맞는 것일까요? "난 관리자형 인간이 아니고 실무형 인간이야." 더 이상 이런 얘기는 하지 말고, 대신 정치적인 얼굴을 만들어야 합니다.

남을 움직이는 것, 사람을 내 의도대로 움직이게 하는 것이 사내 정치의 중요한 한 부분입니다. 상대방을 내 의지대로 움직이기 위해서는 일단 내 자신의 수사(修辭)를 잘 해야 합니다. 내 자신을 표현하고 내 감정을 표현하십시오.

그리고 인정할 것은 인정합시다. 아부는 어느 정도 필요합니다. 뼈 빠지게 실적 내봐야 아부하는 옆 사람에 비해 고과 못 받는 게 현실입니다. 그리고 이 세상에 자신이 아부하는 것을 좋아하는 사람은 아무도 없습니다. 받아들입시다. 이제부터는 아부를 해야 하느냐, 말아야 하느냐가 아니라 어떻게 아부를 티 내지 않고, 고급스럽게 할지를 연구해야 합니다. 저에게 가장 필요한 게 무엇이냐고 묻는다면 저는 "유들유들해지고 싶어요."라고 답을 할 겁니다. 주위에 보면 정말 유들유들한 사람들이 있습니다. 저는 그것과 정반대 쪽에 있는 사람입니다. 그래서 좀 유들유들해지기로 결심했습니다. 그게 노력으로 되는 건지는 모르겠지만 언젠가는 유들유들해질 것입니다. 그러면 아마 아부하기도 쉬워질 것입니다.

직속 상사

당신의 직속 상사(보고 라인)들을 챙겨야 합니다. 회사 생활에서 가장 중요한 것 중 하나입니다. 당신의 보스를 챙기십시오. 아무리 강조해도 지나치지 않습니다. 제프리 페퍼 교수는 이렇게 말했습니다. "실질적으로 당신의 성공을 책임지는 사람들은 조직 계통도에서 당신의 윗자리에 앉아 당신을 승진시키거나 승진을 막을 힘을 가진 사람들이다."[36] 직속 상사를 인정하십시오. 회사에서 인정한 사람을 왜 당신이 부정하려 하십니까? 그리고 직속 상사를 위해 일하십시오. 그가 목표를 달성하도록 도우십시오. 손해보는 느낌이 들 수도 있겠으나, 그렇게 하는 것이 조직 생활의 정석이고 회사 생활을 편하게 하는 길입니다.

16 당신의 성공을 책임지는 사람은 당신의 윗자리에 앉아 있는 사람이다라는 메시지가 담긴 제프리 페퍼의 『Power』. 한국판은 『파워』, 청림출판

상사에게 보고(Reporting)하는 데에는 하나의 원칙이 있습니다. 옛 상사에게 배운 것인데요. '어택 퍼스트(Attack First)', 즉 먼저 공격하라는 것입니다. 보고 받을 사람이 궁금해서 물어보면 이미 늦은 것입니다. 말하기 전에 미리 들이미십시오. 먼저 들이밀면 그만큼 '깨질' 확률도 낮아집니다. 중간중간 자꾸 가서 체크하는 게 맞습니다. 계속 "이런 식으로 하면 되나요?"하고 확인하면서 가는 것입니다. 그리고 직장에서는 결론 먼저 말하는 습관을 들이는 게 좋습니다. '두두두둥, 기대하시라.' 뭐 이런 것은 통하지 않습니다. 아무도 부연 설명을 기다려 주지 않습니다. 항상 결론부터 말하십시오.

덧붙여, 본인의 직급에 맞는 일을 하십시오. 괜히 그 위의 일을 욕심내서 했다가 회사 생활이 힘들어지는 경우가 있습니다. 상위 포지션이 주어지기 전에는 현재의 직급대로 일하고, 대신 기회가 주어지면 그때 뛰어난 실력을 발휘하면 됩니다.

강경파와 온건파가 있습니다. 직장 생활을 하다 보면 강경파가 되어야 할 것 같은 생각이 들지 않습니까? 강경파의 캐릭터를 닮고 싶은 마음에 영화에서 보았던 악당 역할을 흠모해 보기도 합니다. 막대해도 될 것 같이 너무 쉬워 보이면 안 됩니다. 좀 어려워 보여야 합니다. 직장에서는 점잖은 사람이 되기 보다는 시쳇말로 '또라이'가 되는 편이 낫습니다. 우리가 PART I 에서 살펴보았듯이, 회사는 매출을 일으키고 수익을 내어 지속성을 갖는 것이 제일 목적입니다. 그곳에는 '점잖음'이라는 단어가 끼어들 공간은 없습니다. 체면을 버리고 점잖지 않은 사람으로 포지셔닝하는 편이 훨씬 낫습니다.

Summary

남들이 나를 어떻게 생각할까를 신경 쓰지 말자. 내 목표 말고, 당신의 직속 상사가 목표를 달성할 수 있도록 돕자.

14장

좋은 사람만으론 부족하다

실력론

대학교 산악부 시절, 한국 아이스 클라이밍의 성지 중 하나인, 높이가 100m가 넘는 설악산 토왕폭을 오르던 적이 있었습니다. 하지만 전 그곳을 완등하지는 못했습니다. 산악부의 장이라면 당연히 토왕폭은 등반해야 했습니다. 하지만 전 실력이 안 되었고, 사실 오를 자신도 없었습니다. 당연히 클럽 주장의 자리도 얻지 못했습니다.

부서의 장이 되고 싶으신가요? 그러면 이 질문을 해보아야 합니다. 부서원들 중 가장 뛰어난 실력을 갖고 있는가? 당연한 이야기처럼 들리겠지만 중요한 건 '실력'입니다. 중요한 건 누가 그 빙폭의 정상에 오를 수 있느냐 하는 것입니다. 회사라면 누가 사장 눈에 쏙 들어오게 쌈박한 보고를 할 수 있느냐 하는 것입니다.

17 부서장인 당신은 부서에서 가장 뛰어난 실력을 갖고 있는가? 클라이머가 빙폭을 오르는 모습[37]

괜찮은 보고를 한 적도 있고 그렇지 못한 적도 있을 것입니다. 오를 수 있다는 걸 보여 주어야 합니다. 그러기 위해서는 오를 수 있는 기회를 잡아야 합니다. 윗사람들의 선택을 받는 것이 중요합니다. 내가 주저하고 하기 싫어하면 윗사람들도 눈치껏 다 압니다. 실력도 안 되는데 시키지 않습니다. 드라마에서 보는 것처럼, 능력은 되는데 기회는 안 주고 다른 사람들한테만 기회가 가는 그런 일은 현실 속에서는 거의 없습니다.

지금까지 기회가 없었다면 그건 본인의 탓입니다. 기회가 있었다면 본인에게 그런 기회를 주었던 보스들에게 감사해야 합니다. 그러므로 평소에 오르는 방법을 익히기 위해 애써야 합니다. 자신이 하고 있는 담당 업무에서 "그래! 한 번 보여주자"라는 마음을 가져 봅시다. 그리고 기회를 찾읍시다.

나이스한 상사 욕구 내려 놓기

'나는 나이스(Nice)한 상사가 되어야겠다'는 마음을 가지면 관리자는 힘들어집니다. 우리는 누구나 마음 속에 '좋은 사람', '좋은 인간'에 대한 이미지가 있습니다. 하지만 그 이미지대로 팀장 역할을 하다 보면 많이 힘들어집니다. 우리가 갖고 있는 좋은 사람의 이미지는 회사의 생리와는 어울리지 않습니다. 앞에서도 얘기했지만 회사에서 관리자급을 채용할 때 물어보는 질문 중에 하나가 "저성과자가 있으면 어떻게 조치하겠느냐?"입니다. 회사에서 듣고 싶은 대답은 "내보내겠다"일 가능성이 큽니다. 거기에 비추어볼 때 회사에서 요구하는 관리자 상은 어떤 사람일까요? 부하의 고충을 들어주고 같이 답을 찾고 기다려주고 잘 챙겨주는 형 같은 팀장? 이런 것은 회사가 원하는 팀장의 상(像)이 아닙니다. 어떻게 보면 혹독하고, 바로 잡아야 할 것은 바로 잡아줄 줄 아는 조금은 무서운 상사, 그런 상사가 회사가 바라는 상입니다.

천성적으로 남에게 싫은 소리 못 하고 남에게 힘든 일은 시키지 못해 스스로 일을 떠안는 상사가 있습니다. 부하 직원에게 항상 좋은 상사라는 소리만 듣고 싶은 상사가 있습니다. 그런 상사는 좋은 상사가 될 가능성이 낮습니다. '뭐 그렇게 험하게 할 필요 뭐 있어? 좋은 게 좋은 거지.'라는 생각을 버려야 합니다. 혹독하게 요구하는 상사, 그리고 혼낼 것은 혼내면서 가르치는 상사가 낫습니다. 회사에서는 나이스한 상사가 되려는 생각은 금물입니다. 같은 맥락에서, 낮은 고과도 잘 주어야 합니다. 상사로서 낮은 고과를 주는 것이 쉬운 일은 아니지만 그것을 꺼리면 안 됩니다. 낮은 고과를 주지 않는 것이 부하 직원을 위하는 것도 아닙니다. 욕 안 먹고 나이스한 사람으로 남으려는 상사보다 부하를 혼냄으로써 성장시키려는 상사가 좋은 상사입니다.

안 풀리는 문제가 뭐예요

직장인들에게 회사를 떠나는 이유를 물어보면 주로 낮은 연봉, 상사와의 불화, 이런 피상적인 답변을 듣습니다. 하지만 제대로 보면

'나의 능력은 이만큼인데 이 능력을 제대로 쓸 수 있는 기회가 안 주어지고 내게 관심이 없다.' 이런 불만이 많습니다. 그걸 알아봐 주고 독려해 주고, 문제가 생겼을 때 해결해 주는 게 상사의 역할입니다. 그게 안 되고 쌓이게 되면 회사를 나가게 됩니다.

평소에는 별 대화도 없다가, 일 하나 터지면 혼부터 내는 임원들이 있습니다. 그런 상사 밑에서는 부하들이 즐겁게 일하기 어렵습니다.

리더의 역할 중 가장 중요한 것은 부하들이 제대로 일할 수 있도록 도와 주는 것입니다. 부하 직원에게는 별 관심이 없고 단지 자신의 성과와, 자신의 보스에게만 관심 있는 리더는 자기 역할을 다 하지 않는 것입니다. 그런 리더 밑에서는 부하들이 힘들어합니다. 자신의 존재 의미를 의심하게 되고, 결국 자기의 잠재력(Potential)을 발휘할 수 있는 곳으로 눈을 돌리게 됩니다.

조직의 장

팀장이 되고 밑에 부하 직원이 왔습니다. 모든 사람들이 공통적으로 얘기하는, 문제가 좀 있는 직원이었습니다. 말귀도 못 알아듣고, 독선적이고, 주위 동료들과 트러블이 자주 발생하고, 심지어 같이 일하는 옆 팀에서도 얘기가 나오는 상황이었습니다. '저 직원을 어떡해야 하지?'라는 고민이 생겼습니다.

두 가지 문제가 발생합니다. 첫째, 일 문제입니다. 딜레마가 발생합니다. 가용 자원은 항상 모자릅니다. 저 직원을 배제하면 일단 일에 펑크가 납니다. 일은 못 하지만 그래도 없는 것보다는 낫다는 생각이 듭니다. 둘째, "저 직원 문제가 좀 있어요."하고 공론화하면 상사인 나 자신도 비난에서 자유롭지 못할 것 같은 생각이 듭니다. "너의 관리 능력에 문제가 있는 거 아냐?" 이런 소리를 들을 것 같습니다.

그럼, 이 두 가지 문제를 동시에 해결할 수 있는 방법은 무엇일까요? 그냥 가는 겁니다. 저는 이런 선택을 자주 했던 것 같습니다. 문제가 있으면 드러내고 그 문제를 해결해야 하는데, 이슈화하는 게 두려워 덮기에 급급했던 것 같습니다. 물론 그렇게 끌고 갈 수도 있습니다. 하지만 조직의 효율성 측면에서 어떻습니까? 그 문제 직원 때문에 팀의 사기가 떨어지고 팀의 일 처리 수준도 하향 평준화됩니다. '저런 직원도 있는데 나야 뭐. 이 정도만 해도 되겠지.'하는 안이함이 밀려옵니다.

조직이란 것은 항상 변합니다. 조직 개편은 적어도 일 년에 한 번은 있습니다. 따라서 내가 아무런 조치를 안 해도 그 직원과 나는 떨어질 수 있습니다. 실제로도 그랬고요. 하지만 그런 조직의 속성에 기대어 아무 조치도 하지 않는 것은 올바른 대응이 아닙니다. 그 시점에서 팀장이라면 깃발을 들어야 합니다. 그리고 조치를 취해야 합니다. 그것이 조직의 장으로서 해야 할 일입니다.

내 의견이 관철되지 않을 때

회사 생활이 힘들 때 중 하나는 내 아이디어가 받아들여지지 않을 때입니다. 이럴 때는 어떡해야 할까요? 과한 반응을 참고 가만히 있는 게 좋습니다. 아이디어가 관철되지 않는 일은 정말 많습니다. 물론 당신의 아이디어가 정말 좋은 것일 수 있습니다. 주위 동료들도 다 인정하고, 이번에는 정말 한 건 제대로 터뜨릴 수 있을 것 같다는 생각도 듭니다. 인정받아 승진도 하고, 그럴만한 건수로 여겨집니다. 그런데 그런 나의 대박 히트 아이디어가 기각이 된다? 이건 정말 내가 회사를 나가게 만들 수도 있는 큰 사건입니다. 하지만, 이럴 때 격하게 반응하지 말아야 합니다. 참고, 다 잊고 다음 기회를 노려야 합니다. 회사 일은 기나긴 장기전입니다.

Summary

회사에서는 나이스한 상사가 되려고 하지 말자. 대신 나중에 고마운 상사가 되려고 하자.

15장

자기 확신의 필요성

회사가 어떤 곳인지를 알고, 그 회사에서 성장하기로 마음먹고, 그러기 위해 필요한 마인드셋(Mindset)을 계발하며 잘 다니고 있다고 합시다. 위로 올라가려는 욕구를 갖고, 공격적인 자세로, 또한 너무 순수하지 않고 약간의 뻔뻔함도 가지게 됐습니다. 앞에서 이야기했던, 문서를 작성하는 일이나 발표하는 일에서도 크게 약점 잡힐 일은 없다고 합시다. 저는 이 정도 준비만 갖춰 놓아도 회사 생활을 즐겁게 할 수 있다고 봅니다. 그런데 여기에 한 가지만 더 추가하고 싶습니다. 그건 바로 지금 하고 있는 이 일에 대한 '자기 확신'입니다.

　회사 생활을 하다 보면 만나게 되는 몇 번의 허들에 대해 앞에서 얘기했지만, 좀 구체적으로 보겠습니다.

　첫 번째가 평가받을 때입니다. 보통 신입 사원의 경우 고과를 잘 주지 않습니다. 평균 아니면 그 아래죠. C라는 평가를 받고 많이 고민하게 됩니다.

두 번째는 과장 진급할 때입니다. 동기 중에 누구는 되고 누구는 안 되기 마련입니다. 하지만 내가 안 된 그룹에 끼였다면 또 고민이 많이 됩니다.

세 번째는 차장 혹은 부장일 때 팀을 관리하는 관리자로서 보직을 맡느냐 아니냐의 허들입니다. 사십 대 때 내 인생을 이 회사와 같이 갈 것인지 말 것인지 고민하게 됩니다. 이 허들을 넘어야 합니다.

저도 사십 대에 승진 누락의 경험이 있습니다. 당시 출장 중이었는데 승진자 리스트에 제 이름이 없는 것을 보고 많이 힘들었습니다. 그 시기를 버틸 수 있었던 것은 제가 하고 있던 일에 자부심 같은 것이 있었기 때문입니다. 그 일에 제 스스로 가치를 부여하니, 직급 타이틀이나 낮아진 자존감은 후순위로 밀려나고 일을 쳐다볼 수 있었습니다. 일에 대한 확신이 없었다면 더 힘들었을 것입니다.

우리는 바쁜 회사 생활에 매몰되지 말고, 가능한 자기 성찰의 시간을 많이 가지라는 말을 많이 듣습니다. 예전에 읽었는데, 빌 게이츠(Bill Gates)는 1년 12개월 중 한 달은 일하지 않고 자기를 되돌아보는 시간을 가진다고 합니다. '지금 하고 있는 이 일을 내가 왜 하고 있지?', '그걸 몰라? 남들도 다 그러고 있으니까', '어느 정도 정형화되고 확인된 길이니까', '경제적으로 필요하니까'

이런 답변들 외에 플러스 알파가 필요합니다. 그 알파가 바로 '자기가 원하는 일', '하고 싶은 일'입니다. 그 알파가 지금 회사에서 하고 있는 일에 있다면 당신은 인생을 제대로 살고 있는 것입니다. 그 알파가 무엇인지 모르겠다면 자기 성찰의 시간을 통해서 찾으려는 노력을 해야 합니다.

'흔히들 말하는, 자기가 잘 할 수 있는 일과 자기가 좋아하는 일의 교집합을 찾아라, 또 그 얘기하는 건가?'

'지금 회사에 잘 다니고 있고 별문제 없는데 무슨 뚱딴지같은 소리인가?'

물론 안 와닿으실 수도 있습니다. 하지만 저는 다시 한번 강조하고 싶습니다. 산 정상으로 오르는 데에는 반드시 웅덩이가 있게 마련이고, 웅덩이를 빠져나오는 데에는 평지를 오를 때와는 다른 마음가짐이 필요한 법입니다.

『80/20법칙』의 저자, 리처드 코치(Richard Koch)는 아래와 같이 말했습니다. "자기 인생에서 진정으로 중요한 것이 무엇인지를 다시 생각해보라. 그 중요한 일을 지금의 회사에서 이룰 수 없다면 직장이나 직업을 바꾸기 위한 생각을 하라."[38]

저는 컨셉을 만들고, 최종적으로 그 컨셉을 상품에 적용시키는 일을 했습니다. 뭔가 새로운 것을 발견하고, 만들어서 그것을 상품화로 설득하는 일은 제게 맞는 것 같았습니다. 거기에 더해 제품을 잘 만들어서 사람들의 삶을 편하게 해주자는 생각도 있었습니다. 실제로 아프리카 사람들이 세탁기 살 돈이 없어서 비위생적이고 힘든 삶을 사는 것을 보고, 저렴한 최저가의 세탁기 컨셉을 만들기도 했습니다. 단지 경제적인 이유로, 그리고 이 나이에 사회인으로 회사에 다녀야 하니까 외에 다른 이유가 있었던 것입니다.

모든 직장인에게는 가지각색의 다른 이유(알파)들이 있을 것입니다. 음식점 주인에게도, 학원 강사에게도, 편의점 주인에게도 있습니다. 그게 있고 없고는 분명한 차이가 있습니다.

나에 대한 충분한 고찰을 하지 않고 회사에 들어가면 시련의 상황이 닥쳤을 때 많이 흔들리게 됩니다. 왜 이 일을 해야 하는지에 대한 해답이 없이 시작한 일은 경쟁에서도 뒤쳐질 수밖에 없습니다. 2~3년은 어찌어찌 다닐 수 있겠지만 그 후에 공부니 이직이니 회사를 빠져나갑니다.

자기에 대해서 충분한 고찰을 하시기 바랍니다. '그냥 남들 다 가니까 나도'하는 식으로 회사에 들어가는 것은 일관되지 않은 커리어로 이력에 오점을 남기는 시발점이 될 수 있습니다.

권력 의지가 있습니까?

이제 자기 확신이 분명해 졌습니다. 그럼 이제부터는 흔들리지 않고 앞으로 나아가는 일만 남았습니다. 당신은 권력 의지가 있습니까? 회사 생활은 장기전입니다. 이 장기간의 싸움에서 지치지 않도록 필요한 것이 바로 이 '상승 욕구', 혹은 '권력 의지'라고 불리는 것입니다.

우리는 회사 생활을 좀 편하게 하기 위해서 우리가 평소에 관심 갖고 함양하면 좋을 마인드셋에 대해 얘기하고 있습니다. 수사, 팀워크, 적극성, 그리고 뻔뻔함까지 얘기했습니다. 이 중 적극성이나 뻔뻔함을 가능케 하기 위해서는 어떤 동력이 필요합니다.

옆 부서와 조정해야 할 상황이 생겼을 때 나의 보스와 옆 부서 담당자까지만 생각하는 사람이 있는 반면에, 옆 부서의 부서장과 본부장까지 찾아가는 사람이 있다고 했습니다. 이 차이는 어디에서 나는 걸까요? 그것은 그 동력이 강하냐 약하냐의 차이입니다.

두 가지 상황을 살펴보겠습니다. 첫 번째 상황은 우리가 억지로 만들 수 있는 상황은 아닙니다. 두 번째 상황은 우리의 마음먹기에 달려 있습니다.

첫 번째 상황을 봅시다. 타고난 근성과 파이터 정신을 소유한 A과장은 최근 어머니가 편찮으셔서 입원해 있는 상태입니다. 아내는 형제들과 교대로 하는 병 간호에 지쳐 있는 상태이고요. 병원비 등 금전적으로 본인의 월급에 많이 기대고 있는 상황입니다. 반면에, 스마트하고 젠틀한 성격을 가진 B과장은 집안은 편안한 편입니다. 요즘 "이 회사를 언제까지 다녀야 하나, 언제까지 다닐 수 있나?" 같은 생각에 빠져 있고 제2의 인생을 살아갈 아이템 구상을 하고 있습니다. 이 A과장과 B과장이 하나의 안건을 놓고 충돌했습니다. 누가 더 공격적으로 일을 강하게 푸쉬할까요? 저는 A과장일 것 같습니다.

두 번째 상황을 봅시다. A차장은 '나는 꼭 임원이 될 거야.'라는 생각을 갖고 있습니다. B차장은 "임원? 뭐 시켜주면 좋고. 이왕이면 부장으로 오래 다니는 게 더 좋지 않나?", "그때 가서 진지하게 생각해 봅시다." 이런 생각을 갖고 있습니다. A차장과 B차장이 중요 현안에 대해서 충돌하게 되었습니다. 누가 더 적극적으로 밀어 부칠까요? 아마 A차장일 것입니다.

일을 하는 데 있어 적극성과 단호함을 갖는 데에는 여러 요인들이 있습니다. 본인의 성격이나 가정의 문제, 혹은 개인의 의지도 있습니다. 성격이나 가정 문제 같은 것은 저희가 어떻게 할 수가 없습니다. 반면에 저희가 통제할 수 있는 것도 있습니다. 승진에 대한 의지, 권력 의지 같은 것입니다.

우리는 '회사 생활을 행복하게 하는 데 있어 적극성이 중요하다. 그 적극성을 가능케 하는 동력을 키워야 한다'는 얘기를 하고 있습니다. 그 동력 중 우리가 컨트롤할 수 있는 것이 있다면 해봐야 하지 않을까요? 위로 올라가려는 상승 욕구, 혹은 정치에서 얘기하는 권력 의지, 이런 것들을 우리도 한 번 가져 봅시다.

Summary

자기 확신을 위해, 지금 자기가 하고 있는 일에서 월급 이외의 가치를 발견하자. 안주하기보다는 지금보다 한 단계 위의 직급을 원하는 마음 상태를 갖자.

PART III.

두 번째 산

16장

고난의 시간 대처법

지금까지 우리는 회사라는 울타리 안에서 생존하기 위한 여러 가지 마인드셋들을 살펴보았습니다. 하지만 회사원 생활이 항상 잘 나가고 즐거운 것만은 아닙니다. 힘든 시기가 꼭 있습니다. 회사 생활은 장기전이니만큼 길게 보고 이런 시기를 잘 넘겨야 합니다. 이번 장에서는 어쩔 수 없이 회사와 떨어져 있어야 하는 시기, 또는 회사와 멀어진 시기를 잘 보내는 방법에 대해 말해보고자 합니다.

회사라는 시스템은 가장 효율적이고 뛰어난 시스템입니다. 끝내야 할 어떤 과제가 있습니다. 이 과제를 학교, 정부, 병원, 군대, 회사 등 여러 조직에 주었다고 합시다. 과연 어느 조직에서 이 과제를 가장 잘 마무리지을 수 있을까요? 짐작하시다시피 '회사'입니다. 회사야말로 뛰어난 조직이고 뛰어난 발명품인 것은 사실입니다.

문제는 회사 내의 사람들이 행복하지 않다는 것입니다. 그렇게 가기 싫은 곳이 또 있을까요? 그렇게 하기 싫은 일이 또 있을까요? 그렇게 보기 싫은 얼굴이 또 있을까요? 그렇게 즐거움이 없는 곳을 매일매일 간다는 것 자체가 어찌 보면 참으로 위대한 일입니다.

스티브 잡스는 '어리석게(Foolish) 스테이(Stay)하라'고 얘기했습니다. 그럼에도 불구하고 새로운 시작을 원한다면 어떻게 해야 할까요? 앞 장에서 했던 모든 노력을 다 했어요. 그런데도 아니다 싶으면 어떻게 해야 할까요? 그때는 떠나야 합니다. 이제는 다음 산을 찾아가야 하는 것입니다. 그 이야기입니다.

자, 우리가 서른 살에 결혼을 했다고 합시다. 행복한 신혼 생활을 거쳐 자녀를 낳고 아이들을 키우고 교육시키고 집도 사고 대출금도 갚으며 힘들지만 보람차게 삽니다. 그런 삼십 대와 사십 대를 거쳐 오십 대에 접어듭니다. 그런데 오십 대 초반의 어느 날, 아내가 이제 우리 그만 삽시다. 이혼을 통보합니다. 이렇게 원통한 일이 어디 있습니까? 너무 갑작스럽습니다. 아무런 준비가 되어 있지 않습니다. 제가 무슨 말을 하려는지 아시겠죠? 자, 회사는 이제 곧 당신에게 이혼 통보를 할 것입니다.

현재의 안정적인 생활이 지속되리라는 생각을 빨리 접으셔야 합니다. 세스 고딘은 『보라빛 소가 온다』라는 책에서 다음과 같이 얘기합니다.

"비록 당신이 꽤 안전한 무리를 발견했다 해도, 이 험난한 세상에서는 어떤 대형 안에 오래 머물기가 점점 더 어려워지며, 새로운 무리를 찾기 위해 허둥지둥 달려가는 자신의 모습을 종종 보게 된다. 퍼플 카우의 교훈을 다시 한 번 반복한다. 안전한 길은 위험하다."[39]

이혼을 당하면 처음에는 이게 뭐지? 납득이 안 되고 마음을 추스르는 시간이 필요합니다. 그 시간이 지나면 현실이 비로소 보이게 되죠. 그럼, 마음을 추스르는 시간을 줄여야 합니다. 적어도 회사가 내리는 통보는 이혼처럼 그렇게 갑작스러운 건 아니니까요. 마무리 시점은 어느 정도 예측이 가능합니다. 내가 인정하기 싫고 준비하기 싫을 뿐입니다.

자, "회사는 가장 효율적이고 뛰어난 시스템인데, 그 안의 회사 구성원의 삶은 참 고약하다. 회사 생활에 즐거움은 없고, 쌓은 기술들은 다 무용지물이 될 거고, 마지막은 그냥 쫓겨남이다." 이런 마땅찮은 현실에 대해 얘기해 보았습니다. 이런 결과를 기대하고 우리는 좋은 대학 가려고 열심히 공부하고, 좋은 직장 가려고 스펙 쌓으며 그렇게 애쓴 건가요? 그렇지는 않을 겁니다. 그러면 어떻게 이 손해나는 게임에서 그래도 손해를 덜 볼 수 있을까요?

준비해야 합니다. 예전과는 달리 평생을 한 회사에서 퇴직할 때까지 다니는 회사원은 많지 않습니다. 중간에 다른 회사로 옮기기도 하고 어쩔 수 없이 나오기도 합니다. 그리고 대부분 오십 대 중후반에 퇴직하게 됩니다. 그걸 이미 알고 있습니다. 자신한테 적용하기를 더디 하고 싶어 할 뿐입니다. 이제 용기를 내어 자신에게 적용해 봅시다. 한번 뒤틀어져야 하는, '전환기(Transition Period)' 말입니다.

수동적으로 전환기를 맞을 수도 있고, 자발적으로 전환기를 만들 수도 있습니다. 두 전환기는 모두 고통스럽습니다. 하지만 전환기의 끝에는 전보다 분명히 더 나아진 자신이 있습니다. 직장 생활에서 전환기를 피할 수 없다면 다가올 전환기를 미리 준비합시다. 전환기는, 비자발적이든 자발적이든, 회사 안에서든 밖에서든, 한시라도 빨리 준비하는 것이 현명한 대처입니다. 프랑스의 경제학자인 '자크 아탈리(Jacques Attali)'는 『살아남기 위하여』라는 책에서 아래와 같이 말합니다.

"이들은 위험이 현실이 되어 나타나면, 그제야 자신들의 생존을 위해 가장 중요한 결정이 준비되지도, 실행에 옮겨지지도 않았으며, 때는 이미 늦었다는 것을 깨닫는다. 의사의 진단을 인정하려 들지 않는 환자들이나 과도한 부채, 해고, 환경 재앙의 위협에 대비하지 않는 자들과 다를 것이 없는 태도를 보이는 것이다."[40]

고난의 시간 대처법

회사원에게 전환기는 힘든 시기입니다. 이 전환기를 잘 보내야 합니다. 직장 생활의 전환기란 무엇입니까? 직장 생활을 하다 보면 중간에 붕 뜨는 시기가 있습니다. 권고사직, 자발적 이직, 회사 사정으로 인한 쉼 등 여러 이유로 인하여 직장 없이 살아야 하는 시기입니다. 직장인들에게는 좀 우울해지는 시기이죠.

물론 저에게도 그런 시기가 있었습니다. 자발적인 때도 있었고 비자발적인 때도 있었습니다. 조금 희망적인 얘기도 있습니다. 우리가 많이 듣는 말 중에 "고통 끝에 낙이 오더라."는 말이 있죠. 영국의 사회철학자, '찰스 핸디(Charles Handy)'는 이렇게 얘기했습니다. "사실 나이를 먹으면서 여정 중에 뜻하지 않은 굴곡과 모퉁이를 만났을 때, 가장 많은 것을 배우며, 제 길에서 벗어난 듯 보이는 외딴 오솔길이 반드시 거쳐야 할 도로임을 알게 된 것이 한두 번이 아니다."[41]

하지만 막상 그 전환기 안에 있으면 힘든 건 사실입니다. 그 전환기를 어떻게 보내느냐가 중요합니다.

저의 최근 전환기에 대해 얘기해 보자면, 회사에서 나오게 된 후, 저는 회사 다닐 때의 출퇴근 시간을 그대로 유지하며 나름의 루틴을 만들어 일정한 시간, 일정한 장소에서, 회사 생활을 하듯이 했습니다. 그리고 회사에 다닐 때는 할 수 없었던, 자기 계발을 위한 시간을 가지려고 했고 저는 골프 레슨을 받았습니다.

평일 오후 5시에 연습을 했는데요. 연습장 문을 열면 연습장 레인에 중년의 아주머니들이 쭉 서서 연습을 하고 계셨습니다. "좋은 직장 다니시나 봐. 일찍 일찍 오시고." 아주머니들의 이러한 인사에 어색한 미소로 답하는 것도 고역이었습니다. 사람들이 저를 두고 이래저래 말을 하는 상상을 하게 되고, 그것이 저를 움츠러들게 했습니다.

전환기라는 것이 그런 시기이더군요. 전보다 작아지는 자신을 측은하게 마주하는 시기입니다. 아무튼 무슨 모임이건 간에 나의 '자유인' 처지를 입으로 반복해서 말하기s 싫어서 모임을 피하게 됩니다. 뭐 일종의 대인 기피증이라고 볼 수도 있을 것 같습니다.

원치 않게 회사를 떠났다면 그 전환기를 어떻게 잘 넘길 수 있을까요?

자책의 시간은 빨리 끝내자

자책의 시간은 필요합니다. 하지만 빨리 끝내는 게 좋습니다. 저는 회사에서 나오게 됐다는 그 결과에만 관심이 있었습니다. 그 결과가 있게 한 원인이 분명 있었는데 말이죠. '리더십의 부족', '집중력의 부족', '성과를 못 냄', '사람 보다 일 우선', 이런 이유에 대해서는 생각을 하지 않았던 겁니다. 원인을 파악하는 시간을 충분히 갖고 난 후, 자책의 시간을 빨리 끝내는 것이 좋습니다.

자신의 처지를 오픈하자

다 오픈하고 알려야 합니다. 가급적 빠른 시간 안에 주위의 모든 사람들에게 알리는 것. 그것이 가장 좋은 방법입니다. 그런데 그것이 쉽지 않습니다. 자존심 때문에 그런 것일 수도 있고 만날 때마다 현재 상황이 어떤지 궁금해하는 사람들의 관심이 부담스럽기도 합니다. 그래도 무조건 얘기하는 게 낫습니다. 다 오픈하고, 최대한 주위의 인맥을 통해 도움을 얻는 편이 좋습니다.

시간과의 싸움을 견디자

답은 오직 하나, '견딤'에 있습니다. 그 견딤의 힘을 믿어야 합니다. 사실 견딤의 기간은 충분히 가치가 있습니다. 사람들이 말하길, '단단해진다'고 하지 않습니까. "쟤 단단해.", "어떻게 하면 쟤처럼 단단해질 수 있을까?"라고들 하죠. 바로 이런 전환기의 시간이 당신을 더욱 단단하게 만들 수 있습니다. 기간이 길어지면 길어질수록 더 단단해집니다. 그러니, 물론 힘들겠지만 견뎌내야 합니다. 충분히 가치 있는 시간입니다.

어차피 전환기라는 것에는 일정한 시간이 필요합니다. 이 전환기 이후에는 분명 단단해져 있을 것이고, 더 나은 자리에 있을 것입니다. 그러니 그 기간 동안 성찰의 시간을 가져 보시기를 바랍니다. 바쁘고 분주한 시절에는 보이지 않았던 것들이 보일 것입니다. 그래서 가치 있는 시간이라는 것입니다. 그 순간이 힘들고 끝나지 않을 것 같지만 끝은 납니다. 그 사실 하나만 붙잡고 있어도 견디기가 수월할 것입니다.

회사에 있을 때도 마찬가지입니다. 견디는 시간은 의외로 많은 것을 해결해줍니다.

'나하고 안 맞는 저 임원 어떡하지, 내가 회사를 나갈 수도 없고, 계속 이러고 있기도 힘들고 어떡하지?'

그 임원 잘려서 다른 회사로 갔습니다.

'내 말은 죽어라 안 듣는 저 골칫덩이 부하 직원. 회사 와서 얼굴 보기도 싫은데 어떡하지? 정말 괴롭다.'

조직 변경이 생겨서 그 직원하고 헤어졌습니다.

'또 승진 누락이네. 나가야 하나?'

다음 해에 승진됐습니다.

'잘렸네. 이제 어떡하나?'

더 좋은 회사로 좋은 조건에 계약했습니다.

어려움의 강도들은 다르지만 공통점은 있습니다. 견디다보면 결국 그 고민은 끝난다는 겁니다.

싸움이 정말 견디기 어려우면 피해 있자

그건 장기적으로 봤을 때 얘기이고 당장 힘든 그 순간에는 어떻게 하나하는 의문이 생깁니다. 어떻게 견디나에 대한 질문입니다. 저는 일단 좀 떨어져 있기를 권합니다. 어차피 해결하려고 해봐야 해결되지 않습니다. 그 문제를 꽉 잡고 있던 때와 비교하면 '이렇게 손 놓고 있어도 되나?'하는 불안한 마음이 들 수도 있습니다. 그래도 그렇게 하는 게 좋습니다.

힘든 그 순간, 그 일이 구직이든 승진이든 난관에 빠진 프로젝트이든, 해결되지 않는 그 일을 떠나 새로운 흥밋거리에 빠져 보세요. 새로운 운동도 좋고 악기도 좋습니다.

로버트 서튼 교수도 비슷한 얘기를 합니다. "만약 보트에서 떨어져

급류에 휘말리게 되면 절대로 급류와 싸우려고 애쓰지 마라. 오로지 구명 조끼에 몸을 맡기고, 발을 몸 앞으로 뻗은 채 그냥 떠내려가라. 그렇게 하면 바위에 부딪치더라도 발로 바위를 밀어내면서 떠 있을 수 있고, 머리를 보호하고 힘을 아낄 수 있다."[42]

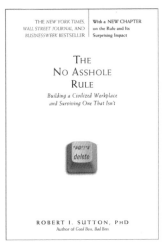

18 서튼 교수는 "급류에 휘말리면 급류와 싸우지 말고 그냥 떠내려가라"고 말했다. 그의 책 『The No Asshole Rule』. 국내판은 『또라이 제로 조직』 이실MBA [43]

직장에서 나와 있던 시기에, 힘들다고 하니까 지인이 제게 해준 얘기가 생각나네요. "그러세요? 이 시간을 쉼의 시간으로, 재충전의 시간으로 삼는 것은 어때요? 어차피 선택의 문제잖아요. 이 시간을 자책과 걱정의 시간으로 보낼 것인지, 아니면 오랜만에 온 리프레쉬

(Refresh)의 기회로 보낼 것인지를 선택하면 되는 거잖아요." 듣고 보니 그렇더라고요. 그 시절 직장을 구하는 것과 관련해서 제가 시간을 써서 할 수 있는 건 많지 않았습니다. 그 시간을 잘 흘려 보내는 마음가짐의 선택만이 있었을 뿐입니다. 좋지 않은 상황은 언제나 있습니다. 이때, 이 상황은 언젠가 끝난다는 사실을 명심하고 문제에서 좀 떨어져 있으시기를, 좀 쉬어 가시기를 바랍니다.

Summary

전환기를 피할 수는 없다. 직장 생활에 다가올 전환기를 적극적으로 준비하자. 전환기를 보내는 데에는 요령이 있다. 힘든 시기에는 잠시 피해 있자. 그렇게 버팀으로써 결국 이길 수 있다.

17장

전환에 성공하기

전환기는 이직을 준비하는 시간이 될 수도 있고, 아니면 회사원이 아닌 새로운 직업을 준비하는 시간이 될 수도 있습니다. 여러분, 앞에서 좋은 컨셉 만들기의 백미는 무엇이라고 했습니까? 실패할 것을 기정사실화하고 반복하는 것이라고 했습니다. 그럼 지금 얘기하고 있는 이 전환기의 백미는 무엇일까요? 바로 '기다림'입니다. 기다림. 기다리는 게 생각보다 쉽지 않습니다. 별의별 안 좋은 생각들이 다 듭니다. 마음 편하게 좋은 결과를 기다린다는 것은 고도의 기술입니다. 바로 '인내심'이고 이 인내심을 길러야 합니다.

경력 전환기가 생각보다 길게 유지되던 때가 제게도 있었습니다. 이력서도 많이 썼습니다. 계속 쓰다보니 이력서가 정말로 점점 좋아지기 시작했습니다. 그 말인즉슨, 초반의 이력서는 형편없었다는 얘기입니다. 이력서에도 퀄리티가 있습니다. 막판의 제 이력서를 보니 '와. 이 정도면 나라도 뽑겠는데?' 이런 수준이 되어 있었습니다. 그러니 이력서는 계속해서 고치고, 고치고, 또 고치십시오. 분명히 더 좋아집니다.

면접에 대해 얘기하자면, 면접은 경험이 많아질수록 점점 부드러워졌습니다. 막판에는 약간의 농담으로 인터뷰어를 웃게 하는 수준이 됐습니다. 초반에는 상호 간에 좀 딱딱한 분위기가 많았습니다. 저는 저의 능력을 말하기에 바빴고, 인터뷰이로서의 겸손함은 찾아보기 어려웠습니다. 내가 잘났다는 말만 했지, 내가 어떻게 당신들을 서브하며 일을 잘 할 수 있을지에 대해서는 보여주지 못했습니다. 구직 기간이 길어지고 면접 탈락이 지속되면서 인터뷰이로서의 겸손한 마인드를 조금씩 갖추게 되었습니다.

'내 자신의 능력을 어필해라. 이 방법은 나한테는 좀 아니구나. 그런 것은 어차피 이력서에 나와 있으니, 그것보다 나의 인간적인 모습, 겸손한 모습, 너무 딱딱하지 않고 부드러운 모습. 이런 걸 보여줘야 하는구나.'하는 생각이 들었습니다. 일도 일이지만 사람이 중요하지 않습니까? 능력과 더불어 나하고 즐겁게 일할 수 있는 동료인가 아닌가, 그걸 보기 위해 면접에 부른 것입니다.

특히, 높은 직급의 경우에는 자신의 능력 어필도 중요하지만 그것보다 중요한 것이 있습니다. 먼저 확 숙이고 들어가세요. '비 험블(Be humble)'입니다. 겸손함보다 강한 무기는 없습니다. 그리고 미소도

잊지 마세요. 면접에서 미소 지을 일이 한 번도 없었다면 문제가 있는 겁니다. 면접관은 앞으로, 가족보다 더 자주 만날 사람을 고르고 있는 겁니다. 그러니 화기애애한 분위기를 만들어 봅시다. 철저한 준비를 통해 성공적으로 전환기를 잘 넘어서면, 더 나아진 자기 자신을 바라볼 수 있습니다.

'자기 소개'의 중요성을 덧붙이고 싶습니다. 제가 면접관으로 일했을 때도 그렇고, 피면접인으로 경험해보니 대부분 결정은 초반에 나는 것 같습니다. 첫 인상이 중요하다는 것이죠. 어떻게 하면 첫인상을 좋게 남길 수 있을까요? 자기 소개입니다. 자기 소개에는 1분이 걸립니다. 1분가량의 자기 소개에 많은 공을 들여 준비하시기 바랍니다.

자아(Ego) 죽이기

회사 생활을 하다 보면 맞이하게 되는 전환기, 그 전환기를 성공적으로 보내는 방법까지 얘기했습니다. 이번에는 회사 생활의 중후반기에 필요한 마음가짐에 대한 이야기입니다.

우리는 '자아(Ego)를 죽여라'라는 말을 많이 듣습니다. '자아를 죽여야 평화를 얻을 수 있다', '나를 내려놓아야 자유로워질 수 있다'고 합니다. 여러분들도 그런 경험이 있지 않을까 싶습니다. '무엇인가를 정말 간절히 원하고 갈구하는데 절대로 내 것이 되지 않는다', '정말 내 모든 것을 바쳐 헌신하지만 내 손아귀에 들어오지 않는다'며 더할 수 있는 게 없어 절망하고 체념하죠. '그것은 내 것이 아니구나.' 하고 욕망을 내려놓습니다. 바로 그때, 내려놓는 그 순간에 원하던 일이 이루어집니다. 그런 경험이 없으신가요?

우리의 마음속은 욕망으로 가득 차 있습니다. 성공, 출세, 돈, 지위, 권력에 대한 욕망들이죠. 이 욕망들로 가득 찬 자아가 차지하는 비중을 줄여 나가야 합니다. 저에게도 그런 때가 있었습니다. 보스에게 오는 전화를 못 받는 일이 없도록 아침 샤워할 때도 휴대폰을 비닐에 싸서 갖고 들어갔던 일, 오랜만에 가족들과 쇼핑하러 갔다가 보스의 핀잔 섞인 카톡 하나에 정신이 팔려서 인상 쓰다가 오랜만의 가족 외출을 망쳐 버렸던 일. 당시 저의 머릿속은 상승에 대한 욕망으로 가득 찼었던 것 같습니다.

어떻게 하면 상사에게 인정받고 더 높은 자리로 올라갈까? 이 생각이 제 머릿속의 최대 우선 순위였죠. 기독교에서는 이러한 것을 '우상'이라고 합니다. '우상을 섬기지 마라'가 십계명에 있을 정도로, 그만큼 무섭고 경계해야 하는 것이라는 겁니다.

그 욕심에 빠져 있으면 자기 라인 밖의 선배는 선배로도 안 보입니다. 윗사람이지만 윗사람 대우를 안 하게 됩니다. 그 욕심에 눈이 멀어 있으면 자기 부하 직원들이 사람이 아니라 도구로 보이게 됩니다. 성과가 안 나오면 무시하게 되고, 실수를 하면 그 사람을 쉽게 모욕합니다. 자기의 옆 동료들은 경쟁자가 되고 그들이 잘 되는 것을 싫어하게 됩니다.

문제는 무엇인지 아십니까? 이렇게 점점 변해가는 모습을 본인만 모르고 주위 사람들은 다 안다는 겁니다. 힘없는 상사라고 막 대하고, 부하 직원들에게 모욕감을 느끼게 하는 그런 사람을 과연 사람들이 좋아할까요? 싫어합니다. 아무리 성과가 좋다고 해도, 회사에서는 그런 사람을 좋아하지 않습니다.

"무슨 소리입니까? 우리 팀장은 승승장구하는데? 옆 팀 아무개 차장은 잘 나가는데?", 그런 품성을 가졌음에도 잘 나가는 사람들의 얼굴이 떠오를 수 있습니다. 하지만 끝까지 두고 봅시다. 지금은 과정 중일 뿐, 그 끝은 다를 겁니다.

성공에 대한 집착

뉴욕타임즈 칼럼니스트인 '데이비드 브룩스'(David Brooks)의 『두 번째 산』을 읽었습니다. 그는 인생에 있어 우리가 올라야 할 두 개의 산이 있다고 말합니다. 그가 비유로 표현한 '산'의 의미는 이러합니다. 첫 번째 산은 대학교 졸업해서 회사에 들어가고, 회사에 들어가서 정점까지 올라가는 산입니다. 여러분들이 지금 오르고 있는 산일 수도 있고, 저도 올랐던 산입니다. 두 번째 산은 다른 산입니다. 첫 번째 산의 중심에는 나, '자신'이 있습니다. 그 산이 성공, 승진, 출세 등의 단어로 설명되는 산이라면 두 번째 산은 중심에 있던 자신을 끌어내려야 하는 산입니다. 자신이, 자신의 성공이 중심에 있던 삶에 종지부를 찍어야 합니다. 그럼 자신이 빠진 그 공간은 무엇으로 채워야 할까요? 책에서는 '남'으로 채우라고 합니다.

저는 이렇게 해석했습니다. '자아(Ego)로 가득 찼던 머릿속을 비워라', '승진과 생존으로 가득 찼던 머릿속을 비워라' 회사원형 자아는 정작 본인이 원하는 방향으로 도움이 되지 않습니다. 그 집착을 내려놓으셔야 합니다. 그러면 내 자신이 아닌 주변이 보일 것입니다. 오바마 대통령의 얘기입니다. "오바마는 상원 의원으로 당선되었을 때도 가족과 함께 살기 위해 시카고에서 워싱턴 DC까지 비행기로 1시간 30분 거리를 출퇴근할 정도로 가족과 시간을 보내는 데 헌신적이었다."[44]

자아로 가득 찬 머릿속을 비우면 가족뿐만 아니라 내 동료들의 삶도 보일 것입니다. 맨날 싸웠던 옆 팀장의 인생도 눈에 들어올 겁니다. 그런 게 보이면 그 보이는 것들을 갖고 이야기해 보세요. 그게 바로 우리가 올라야 하는, 첫 번째와는 완전히 다른, 두 번째 산입니다.

Summary

전환기가 길어지면서 점점 높아지는 겸손함을 발견하자. 자아를 죽이기 위해, 자기 자신에 대해 생각하는 시간을 최소화해야 한다. 그리고 그 빈자리를 타인에 대해 생각하는 시간으로 채우자.

18장

전략을 내 삶에 적용하는 법

저는 중장기 전략을 작성하는 업무를 회사에서 13년간 했습니다. 뭐든지 1만 시간을 하면 그 분야에 도사가 된다는 법칙이 있죠? 그 법칙에 따르면 저는 나름 전략을 수립하는 데에는 전문가라고 할 수 있습니다. 이 전략이란 것을 갖고 저는 제가 설정한 개인적인 목표를 달성하기도 했습니다. 그 목표는 부서장이 되는 것이었습니다. 이번 장에서는 회사에서 쓰는 전략 수립 기법을 어떻게 개인의 삶에 적용하는지에 대한 이야기입니다.

목표 설정

먼저 회사에서 중장기 전략을 만드는 법부터 알아봅시다. 첫째가 경영 목표 선언, 둘째가 환경 분석, 셋째가 분석 결과를 바탕으로 한 전략 수립입니다. 목표 세팅의 중요성에 대해 살펴보기 위해서 첫 번째로 경영 목표 선언부터 보겠습니다. 경영 목표라는 것은 매출 목표와 이익률로 구성됩니다. 당해 년도의 것을 포함하여 3년 후의 경영 목표까지 함께 잡습니다. 첫 번째 페이지에 이 경영 목표가 들어간다는 것은 의미가 있습니다. "우리 회사는 3년 후, 이 정도의 매출액, 그리고 이 정도의 이익률을 목표로 한다."는 것을 선언하고 시작하는 것입니다. "이 목표를 달성하기 위해서 우리는 이러한 우선순위를 가지고 이러한 활동들을 할 것이다." 이런 흐름으로 전개가 됩니다.

개인에 적용해 봅시다. 개인도 목표를 명확하게 선언하는 것은 큰 의미가 있습니다. 우리가 회사 생활을 하다 보면 어느 순간 목표를 잃어버린 듯한 느낌이 들 때가 있습니다. 출근은 하고 일은 하는데 왠지 영혼 없이 기계적으로 하고 있다는 느낌입니다. 퇴근 시간을 기다리고 주말과 월급날만 기다리는 게 다인 그런 생활을 하고 있는 자신을 발견하게 됩니다. 결국은 목표가 없는 삶입니다. 생각해봅시다. 우리가 고2, 고3 때 얼마나 명확한 목표를 갖고 있었나요. 그 명확한 목표가 있으니 삶이 휘청거리지 않았던 것 같습니다. 그리고 취업이라는 목표가 있었을 때도 마찬가지죠. 너무나도 명확한 목표가 세팅되어 있었습니다. 그 목표를 향해서 돌진하는 것이었죠. 몸과 마음이 힘들지 않았다고 말할 수는 없지만 그 목표의 선명함은 우리의 삶을 심플하고 활기차게 만들어 주었습니다. 현재 여러분은 어떤 목표를 갖고 계신가요? 아무것도 없을 수도 있습니다. 아니면 올해 A 고과 받기, 3년 안에 차장 되기, 5년 안에 임원 되기 이런 것일 수도 있습니다. 명확하게 목표를 세팅합시다.

회사의 골이라면, '3년 후 우리 회사 매출은 1조, 이익률은 15%입니다.'라고 딱 선언합니다. 개인의 골이라면, '5년 후 임원이 된다.' 이런 목표도 좋습니다. 목표를 선언하고 나면 이제는 그걸 어떻게 달성하지라는 의문이 생기게 됩니다. 목표 달성을 추동하는 에너지가 시작되는 것이죠. 좋은 출발입니다.

회사의 전략 수립 과정에서 배운 것은 목표를 설정해야 한다는 것이었습니다. 일단 지향점이 있으면 그것과 딱 맞는 결과가 나오지는 않더라도 묵묵히 가다 보면 비슷한 결과까지는 나오게 됩니다. 결과만 놓고 보았을 때는 횡재한 것과 다름 없습니다.

환경 분석

목표가 선언되고 나면, 그 다음에 하는 일은 목표를 달성하기 위해서 해야 할 활동들일 것 같습니다. 하지만 그 전에 해야 할 일이 있습니다. 환경 분석입니다. 환경 분석을 먼저 하고 그 결과를 토대로 시사점을 뽑아내는 일을 먼저 합니다. 환경 분석이라고 하면 어떤 게 떠오르시나요? 저는 트렌드 리포트, 인구의 변화, 경쟁사 동향, 소비자의 니즈 변화, 올해에 유행하는 색상, 이런 것들이 자연스레 떠오릅니다.

회사의 경우, 환경 분석에는 트렌드, 소비자 환경, 기술 환경, 경쟁사 환경이 들어갑니다. 전체적인 거시 트렌드에 소비자들의 요구 사항, 기술의 발전 흐름, 그리고 우리의 경쟁사들은 어떤 활동들을 하고 있는지, 이 정도의 정보가 있습니다. 그 정보들 속에서 우리는 인사이트를 뽑아냅니다. 이 인사이트들을 갖고 우리가 어떻게 해야겠다는 방향성을 가늠하고 대략적인 전략 방향을 잡습니다. 정량적인 데이터, 소비자 인터뷰 같은 정성 자료들을 읽다 보면 시사점들이 자연스레 떠오르고 우리는 이렇게 가야겠구나 하는 생각이 드는 경험을 하게 됩니다. 그것이 바로 전략 방향입니다.

여기서 한 가지 주의할 것이 있습니다. 환경 분석이라 하면 외부만을 생각하는 경우가 많은데 외부 환경 외에 내부 환경도 유심히 살펴보아야 합니다. 환경 분석에는 많은 분석 도구들이 있습니다. 이 도구들을 이용해서 우리 회사를 둘러싼 내외부 환경에 대해서 세밀하게 살펴볼 수 있습니다.

개인의 목표 달성을 위한 환경 분석은 어떻게 해야 할까요? 자신을 둘러싼 환경들을 둘러봐야 합니다. 먼저 가족입니다. 자녀들의 진로도 포함될 것입니다. 그리고 부모님들도 살펴보아야 합니다. 다음은 본인으로, 본인이 원하는 커리어 방향입니다. 그리고 가정의 재테크도 무시 못합니다. 집 장만, 주식, 연금, 노후 준비 등이 해당됩니다. 회사의 환경 분석보다는 간단하겠지만 개인의 환경 분석도 고차원 방정식이 되어갑니다.

이 환경 분석을 그냥 요식 행위로 생각했던 적이 많았습니다. 하지만 십수 년을 전략을 만들면서 갖게 된 확신은 '이 환경 분석을 충실히 하면 할수록 뒷부분이 잘 풀리더라.'하는 것입니다. 그러니 세밀하게 충실히 하시기 바랍니다.

최우선 과제와 세부 실행 방안

환경 분석에서 뽑아낸 시사점을 갖고 전략 방향을 뽑아 낸다고 했습니다. 예들 들면, '세계는 다 온라인으로 가더라.'라는 시사점에서는 온라인 강화, '미용에 대한 관심이 커진다.'라는 시사점에서는 뷰

티 가전 시장 진출, 이런 것들이 될 것입니다.

자, 다음으로 우리가 해야 하는 것은 '최우선 과제(Priorities)'를 정하는 일입니다. 우리의 목표를 달성하기 위해 최우선적으로 실행해야 할 5가지 정도의 항목을 선발하는 겁니다. '3년 내, 1조 매출, 15% 이익률'이 목표라면 이것을 달성하기 위한 우선 과제를 정해야 합니다. 온라인 강화, 신규 제품 시장 진출, 비용 절감. 이렇게 우선 과제를 잡았다고 합시다. 이후에는 이 우선 과제 각각에 대해 세부 실행 전략을 집어 넣는 작업을 합니다. 예를 들어 '신규 제품 시장 진출'이 우선 과제라면 '제품 개발 완료, 제품 출시, 채널별 판매 목표'. 이런 것들이 세부 전략이 됩니다.

다시, 개인으로 돌아와보겠습니다. 예를 들어, '5년 후 임원 되기'. 이걸 목표로 잡았다면, 달성하기 위한 우선 과제로 '내년도 부장 되기, 직무 전문성 계발, 네트워크 계발'. 이렇게 우선 과제를 잡을 수 있습니다. 그다음, 각각의 우선 과제 밑으로 세부 실행 전략을 만들어야 합니다. 이 중 '내년도 부장 되기'를 위한 올해 세부 전략으로는 '상반기나 하반기 중 한 번 상위 고과 받기, 내가 발의한 기획안 선정되기, 보스의 보스와 컨택 넓히기'를 잡았습니다. 그냥 우선순위로 있을 때보다 하위 실행 전략을 잡아 놓으니 달성하기 쉽고 보다 구체적으로 다가오는 느낌을 받을 수 있습니다.

이 세부 실행 방안에서 주의할 점이 있습니다. 그것은 '전략의 차별성' 문제로, 실행 방안에는 새로운 접근이 들어가야 한다는 것입니다. 중장기 전략에서 '온라인 강화'라는 우선 과제가 있었습니다. 이걸 하기 위해 우리가 생각할 수 있는 것은 무엇이 있을까요? 새로운 게 들어가야 합니다. 경쟁사들도 하는 똑같은 전략을 실행한다면 경쟁사를 앞설 수 없습니다.

개인도 마찬가지입니다. 내년도 부장이 되고자 하는 경쟁자들에 비해 나를 어떻게 차별화하느냐가 관건이 됩니다. 예를 들면 '언론 기사에 내 얘기를 한 번 내보낸다.' 이런 것도 차별화하는 좋은 방법입니다. 전략을 짜는 데에는 새로움, 차별화가 필요합니다. 일을 하면 할수록 변화는 어려운 것임을 체감하게 됩니다. 그럼에도 불구하고 새로운 시도가 들어가 줘야 하고, 이것은 개인도 마찬가지입니다.

Summary

달성하고자 하는 목표의 명확화, 주변의 환경 분석, 내가 해야 할 최우선 순위의 선정, 세부 실행 과제 만들기 순으로 개인의 전략을 작성할 수 있다.

19장

전략적 시간 관리

일본 작가 니시무라 아키라가 쓴 다이어리 작성에 관한 책, 『성공하는 사람들의 다이어리 활용법』을 재미있게 읽은 적이 있습니다. 다이어리를 신주단지 모시듯 작성하고, 관리하고, 또 찾아보고 하는 모습이 인상적이었습니다. 저 또한 일을 좀 더 프로페셔널하게 즐기며 해보자, 그런 의미에서 시스템 다이어리를 비싸게 구입하곤 했습니다. 투-두 리스트(To-Do List)를 만들고 지우고 하는 방식이었습니다. 수년째 잘 썼다가 요즘에는 디지털 시대에 맞춰, 구글 캘린더와 에버노트로 그 역할을 대신하고 있습니다. 시스템 다이어리나 에버노트나 그 원리는 같습니다.

이렇게 일별 노트를 쓰다 보면 신기한 게 있는데 그것은 바로 노트에 적어 놓은 것만큼만 실현된다는 것입니다. 물론 적어 놓은 것이 100% 다 실현되지는 않습니다. 하지만 거기에 적어놓지 않은 것들이 실현되는 경우는 거의 없습니다.

그러니까 내가 원하는 것들을 적어 놓아야 한다는 것입니다. 일별 노트에 투—두 리스트를 적는 일은 내가 원하는 것을 이루기 위한 가장 원초적인 행위입니다.

일간 계획

시스템 다이어리를 사용해보죠. 연간, 월간, 주간, 일간 페이지가 있습니다. 저는 오전 8시 반 정도에 하루를 시작합니다. 다이어리를 이용하여 하루를 시작하는 데에는 두 단계가 있습니다. 1단계, 오늘 해야 할 일의 리스트를 적습니다. 2단계, 그 리스트를 시간 테이블에 옮겨 놓습니다. 물론 정해진 시간이 없는 것일 경우에는 그냥 리스트에 있는 경우도 있습니다. 하루 근무 시간이 8시간이라면 이 리스트와 테이블을 보면서 진행 상황을 체크해 나가고 다 된 것에는 완료 표시를 해줍니다. 오후 6시가 되면 리스트에 있는 오늘 해야 할 일 중 80%가 넘는 항목에 완료 표시가 되어 있습니다. 나머지 20%를 오늘 꼭 해야 하는지 내일로 넘겨도 되는지 생각해봅니다. 대부분의 경우 내일로 넘겨도 큰 무리가 없습니다.

아침에 출근하자마자 책상에 앉아 본격적인 업무를 시작하기 전

그 시간. 저 같은 경우 8시 반에서 9시 사이가 그 시간입니다. 머리는 맑고 에너지는 가득 차 있습니다. 이 작업을 하기에 더할 나위 없이 좋은 시간입니다. 다이어리에 '적은 대로 이루어진다.'는 마음으로 이 루틴을 꼭 행합니다. 적어 놓은 것이 하나도 없는 하루는 '확실히 계획이 없으니 하루가 길고 괴롭군.'하는 느낌이 듭니다.

월말 정리 작업도 필요합니다. 많은 투-두 리스트를 적어 나가다 보면 완료가 안 되는 항목들이 반드시 생기게 됩니다. 이러한 항목들은 한꺼번에 정리가 필요합니다. A4 용지를 3장 정도 꺼내 놓습니다. 1일부터 말일까지 빠르게 보며 아직 완료되지 않은 항목들을 옮겨 적고, 다 적었으면 바인더에 철해 놓습니다. 이 작업을 하는 데에는 10분 정도가 소요됩니다. 이 바인더 리스트들은 수시로 확인하며 완료 시에 완료 체크를 합니다. 이 작업을 통해 내가 매일매일 적어 놓는 투-두 리스트들이 빠짐없이 관리되고 있다는 안도감을 갖게 됩니다.

월간 계획

월간 달력에는 빠진 것이 있습니다. 월과 월 사이에 각 월의 투-두 리스트를 적어 놓을 공간이 필요합니다. 시간 관리의 핵심 중 하나가 해야 할 일의 리스트와 그 일을 하는 타임 테이블의 두 공간입니다. 타임 테이블이 수동적이라면 해야 할 일의 리스트는 좀 더 능동적인 리스트입니다. 우리가 이용하는 달력만 놓고 보면 타임 테이블만 있고 해야 할 일의 리스트를 적을 공간이 없습니다. 이 공간이 필요합니다.

업무를 하다 보면 한 달을 계획할 수 있는 시간이 있습니다. 이때에 이번 달에 해야 할 일의 리스트를 꼭 적어 놓는 습관을 들입시다. 스티븐 코비(Stephen Covey)의 '소중한 것을 먼저 하라.'라는 원칙을 기억하십니까? 피동적인 투-두 리스트만 해 나가다 보면 발전이 없습니다.

주간 계획

주간 다이어리를 작성하는 이유는 약간 다릅니다. 회사원들은 주말이 오기만을 기다리며 삽니다. 그런데 아이러니하게도 토요일과 일요일의 계획은 없고 우리의 수첩은 월요일부터 금요일까지의 계획만 있습니다.

토요일과 일요일의 계획을 세워놓고 월요일부터 금요일을 보내 봅시다. 아마 월요일부터 금요일까지의 하루하루가 다르게 다가올 것입니다. 이때 이용하는 것이 주간 달력입니다. 인구에 비해 지적 업적이 탁월하기로 유명한 유대인들은 매주 일요일이면 다가오는 금요일 저녁에 시작하는 안식일에 어떻게 휴식을 취할지 궁리한다고 합니다.[45]

연간 계획

직장인들은 여름에 한 번, 그리고 연말에 한 번 휴가를 가게 됩니다. 이 휴가 때 꼭 해야 할 일이 있습니다. 다이어리 맨 앞에 들어가는 연간 투-두 리스트와 연간 테이블 그리고 일생 투-두 리스트를 들여다보는 일입니다. 이 때가 아니면 연간 투-두 리스트 같은 것을 점검하기 어렵습니다. 또는 출장 중 혼자 있는 비행기 안, 공항으로 가는 버스 안 등이 이런 작업을 하기에 좋은 시간입니다.

계획이란 것은 항상 바뀌게 마련입니다. 자주 들여다 보지 않으면 기존에 세워 놓은 계획들은 영 쓸모 없는 것들이 되기 십상입니다. 올해에 해야 할 일의 리스트를 정해 놓았다면 8월 여름휴가 때 그 리스트들을 한번 점검해 봅시다. 아마 반 정도의 리스트에 완료 표시를 할 수 있을 것입니다. 이 시기가 작년 연말이나 올 연초에 세워놓은 투-두 리스트들을 수정할 수 있는 좋은 시간입니다.

일과 쉼의 밸런스

'주말과 저녁에는 확실히 회사와 분리되어야 한다.', '취미 생활에 집중 투자한다.' 이런 얘기들을 많이 듣습니다. 상사가 일을 주면 주는 대로 끝없이 일을 쳐내다가 번아웃(Burnout) 되어서 결국 회사를 떠나는 사람들이 있습니다. 일의 양에 대한 컨트롤을 해야 합니다. 일의 양이 많다고 생각하면 보스와 미팅을 잡고 이야기를 해야 합니다. 이러한 일을 매우 어려워하는 경향이 있습니다. 업무량이 많다고 말을 하십시오. 그러다 안 되면 나가더라도 말도 안 해보고 나가는 것보다는 낫습니다.

반면, 업무량이 현저하게 떨어질 때도 있습니다. 업무 태만(Shirking) 의 시기입니다. 이때에는 일이 없다고 투덜대지 말고, 쉴 수 있을 때 쉬는 것도 좋습니다. 그게 또 직장 생활 팁 중에 하나입니다. 쉬라고 시간 줄 때 쉴 것. 언제 또 일이 몰려올지 모릅니다. 지금 일이 없다면, 그냥 지금 상황을 즐기시기 바랍니다.

일이 없다고 투덜대던 때가 있었습니다. 일 없다고 투덜대는 것은 직급이 낮은 시절에나 하는 이야기입니다. R&R(Role & Responsibility, 역할과 책임)이 있습니다. 그 R&R을 잘 보면 할 일이 떠오릅니다. 직급이 됐으면 기대지 말고 자기가 스스로 일거리를 만들어 가도록 합시다.

다 됐습니다. 이제는 열정을 유지한 채 계속 가면 됩니다. 그럼에도 우리는 여전히 회사에서 지루해하기도 하고 매너리즘에 빠져 있기도 합니다. 이 열정을 끝까지 끌고 가셔야 합니다. 한 가지 팁을 드립니다. 트위터를 이용해 봅시다. 자신의 워너비들을 팔로우합시다. 어쩔 수 없이 읽게 되는 그들의 트윗 하나하나가 매너리즘에 빠진 자신을 자극해 줄 것입니다.

Summary

일간, 주간, 월간, 연간 투-두 리스트를 작성하고, 각각의 끝 시점에 진척 상황을 점검해 보자.

20장

세 권의 책

마지막 장입니다. 마지막인 만큼 조금 가벼운 주제로 제 인생의 책들을 소개해보려고 합니다.

첫 번째 책은 마케팅 전문가인 '마티 뉴마이어(Marty Neumeier)'의 『브랜드 갭』입니다. 당시, 그러니까 2000년대 초반, 마케팅이라는 일에 빠져 있었던 저는 이 책을 아주 신주단지 모시듯이 읽었습니다. 당시 저는 마케팅, 특히 브랜드 마케팅이 상품을 파는 데 있어 아주 강력한 힘을 발휘한다고 믿었습니다.(지금은 그렇지 않습니다. 지금은 브랜드 마케팅보다 프로덕트(Product) 자체가 더 중요하다고 생각합니다.)

19 마케터에게도 예술성이 필요하다고 말하는 마티 뉴마이어의 『브랜드 갭』, 알키

　제가 이 책에서 특히 감명받았던 부분은 브랜드 마케팅이라는 게 논리적이고 이성적인 부분만으로는 부족하다는 것. 한쪽이 이성적인 부분이라면 다른 한쪽은 감성적이고 뭔가 심미적인 것이어야 한다는 내용이었습니다. 따라서 브랜드 마케팅을 하려면 아주 논리적인 한 부분과 아주 예술적인 한 부분을 동시에 갖고 있어야 한다는 주장이었습니다.

　당시 저는 광고팀에서 일하고 있었고 광고 크리에이티브를 우리 제품에 잘 녹이려면 예술적인 면을 잘 알아야 겠구나하는 생각을 했습니다. 이 책은 마케터였던 제가 디자인을 배우기 위해, 회사를 떠나 학교로 가는 촉매 역할을 했습니다.

20 뉴욕 맨하탄 5번가에 위치한 파슨스디자인스쿨의 모습[46]

두 번째 책은 런던대 교수인 '린다 그래튼(Lynda Gratton)'의 『100세 인생』입니다. 당시 제가 다니던 회사에서는 45세가 된 직원들을 대상으로 교육을 시켰습니다. 차장 말호봉 정도 됐던 것 같습니다. '이제 당신들 나이가 45세가 되었다. 조금 있으면 부장 달 나이이고 더 조금 있으면 회사를 나갈 나이다. 그러니 이제 서서히 이후 준비를 해야 한다.' 이런 취지였습니다. '윌리엄 새들러(William Sadler)'의 『서드 에이지, 마흔 이후 30년』 같은 책도 소개받으면서 자연스럽게 저의 다음에 대해 생각하게 되었습니다.

『100세 인생』에서 제가 감명 깊게 읽었던 부분은 '가만히 있지 말고 움직여라'라는 메시지였습니다. "가만히 있으면 현재 직장에서 퇴물 취급이 되고, 그때가 돼서 움직이면 너무 늦다. 인생에는 세 단계가 있다. 첫 번째 교육의 단계에 이어, 두 번째 그 결실을 맛보는 단계이고 지금이 그 정점이다. 세 번째 단계를 위해서 지금 빨리 움직여서 준비를 해야 한다."는 얘기였습니다. 그래서 저도 용기를 내어 이직을 준비하게 되었고 그 결과, 전과는 확실히 다른 회사 생활이 펼쳐지는 계기가 되었습니다.

21 50세 이후 인생을 생각하게 만드는 린다 그래튼의 『100세 인생』 클

세 번째 책은 앞장에서도 언급한 '데이비드 브룩스'의 『두 번째 산』입니다. "이제 네 앞에는 두 번째 산이 있다. 첫 번째 산은 이미 올라갔다 내려왔다. 이제까지는 자신의 성공을 위해 너무 앞만 보며 달려왔다. 이제는 그렇게 살지 말고, 욕망을 버리고, 남을 봐라. 너 말고 남을 위해 살아봐라."라는 메시지가 담겨 있습니다. 저는 이 책을 읽고 '그래, 바로 그거야.'하고 바로 행동으로 옮기지는 못했습니다. 하지만 메시지에 따라 조금씩 변화를 주려 노력하고 있습니다.

22 첫 번째와는 다른 인생을 살 것을 촉구하는 데이비드 브룩스의 『두 번째 산』 부키

삶에 변화를 주는 것. 한때는 변화 리스트를 만들어서 버킷리스트

지우듯이 하나하나 지우던 때가 있었습니다. 취지는 '내가 가장 편안함을 느끼는 '컴포트 존'에서의 일들과 정반대의 일을 하기'였습니다. 예를 들면 이런 것이죠. 저는 MBTI가 INTJ인데요. 이 상황에서 ESFP는 어떻게 할까? '나는 혼자 차 끌고 캠핑장에 가서 캠핑하고 등산하는 걸 좋아한다. 그럼 그것의 반대니까 가족들 모두를 데리고 호텔에 가서 호캉스하고 다음 날 쇼핑한다.', '집에 가서 혼자 영화 보는 걸 좋아하니까, 그것 말고 번개 소집해서 늦은 시간까지 친구들과 어울린다.' 변화라는 주제에 많이 빠져 있었던 시기였습니다.

뭔가 돌파구가 필요하신가요? 이 지긋지긋한 일상에서 벗어나 삶에 변화를 주고 싶으신가요? 그렇다면 '변화 리스트'를 만들어 보세요. '그냥 생긴 대로 내가 좋아하는 거 하면서 살자. 괜히 내 모자라는 부분을 계발하려 노력하지 말고 그냥 살자.'이렇게 생각하시나요? 여러분의 선택입니다. 자크 아탈리는 과거의 삶을 단념하라고 합니다.

"자신의 삶과 가족, 야심, 가치관, 성공, 인생 계획, 존재 이유 등과 관련해서 스스로 가꿔오던 이미지로부터 벗어나는 능력, 이제까지의 터전을 버리고 다른 곳에서 살 수 있는 능력, 여러 개의 삶을 창조할 수 있는 능력, 요컨대 과거의 삶은 인생에 있어서 거쳐 가는 과도기로 간주하고 이를 단념할 수 있는 능력을 구비해야 한다."[47]

아탈리가 말하는 '여러 개의 삶을 창조할 수 있는 능력'이 특히 와 닿습니다. 어느 대본에서 읽은 글귀입니다만, 집을 나설 때 왼 발 먼저 내딛는 습관이 있다면 이제부터는 오른 발 먼저 내딛는 새로운 습관을 가져 보는 것도 좋을 것 같습니다.

Summary

뭔가 꽉 막혀 있고 답답한 느낌이 드는가? 그렇다면 나의 루틴과 정 반대의 삶을 기획해보자.

에필로그

자, 이제 정리해보겠습니다. 우리는 '회사 생활이 즐겁지 않다.'에서 시작했습니다. 해결을 위해, 즐거운 회사 생활을 향해서 여정을 떠났습니다.

첫 번째로는 회사란 조직이 어떤 곳인가 살펴보았습니다. 살펴본 결과는 실망스러웠습니다. 이 회사란 곳은 태생적으로 우리가 행복해질 수 있는 구조가 아니었습니다. 그리고 사업에 대해 파헤쳐 보았습니다. 다음으로, 우리가 할 수 있는 것을 다 했을 때, 우리의 언터처블(Untouchable) 영역인 나에 대한 평가, 그리고 그것에 대한 나의 적절한 대응을 살펴보았습니다. 회사의 평가를 수용하고, 자기를 객관적으로 바라보자는 얘기를 했습니다.

두 번째로, 우리는 이 현실 속에서 그래도 스트레스 적게 받으며 회사 생활을 유지하기 위해서 어떤 게 필요할까를 살펴보았습니다. 기본적인 수사 능력과, 사다리를 올라가려는 의지와, 웬만한 공격에 무너지지 않는 뻔뻔함이 필요하다고 말했습니다. 그리고 우리 회사의 맨 꼭대기라고 할 수 있는 대주주의 마인드를 갖고 일을 해보자고도 했습니다.

세 번째로, 피할 수 없는 회사 생활의 전환기에 대해서, 그리고 그 시기를 잘 넘기는 방법에 대해서 살펴보았습니다.

이 일련의 과정을 통해 어떤 생각이 드셨나요? 저는 이런 교훈을 얻은 것 같습니다. 제 머릿속의 자아를 조금씩, 조금씩 줄여 나가자. 사원, 대리일 때는 회사에서의 성공 욕구 이런 것을 줄이기 어렵죠. 과장, 차장이 되면서 자아를 조금씩 줄여 나가 보세요. 일 외에 사람이 보이실 겁니다. 그리고 임원이 되면 이 자아를 제로로 만들어도 좋을 것 같습니다.

승진의 사다리를 오르면서 점점 커지는 이 자아의 크기를 중간 정도의 시점에서는 줄이려는 노력을 시작해야 합니다. 그렇지 않으면 정점에서 자아로 꽉 채워진 자신을 보게 됩니다. 직장 동료, 선후배는 물론 아내와 아이들도 원하지 않는 모습입니다. 그 자아의 풍선이 터지기 전에 조금씩 조금씩 바람을 빼야 합니다.

그것이 제가 얻은 교훈입니다.

1 『피터 드러커 매니지먼트』, 피터 드러커, 청림출판, p286

2 Don Pablo, Shutterstock

3 『피터 드러커의 마지막 인터뷰』, 제프리 A. 크레임스, 틔움출판

4 『피터 드러커 매니지먼트』, 피터 드러커, 청림출판, p71

5 [글로벌 Biz 리더] "비디오 연체료 40달러 억울해" 넷플릭스가 시작됐다, 이서희, 한국일보, 2017.4.22

6 Catwalker, Shutterstock

7 저자 촬영

8 『유쾌한 이노베이션』, 톰 켈리, 조너선 리트먼, 청림출판

9 삼성전자 미국 웹사이트 https://www.samsung.com/in/support/home-appliances/what-is-flex-zone-drawer-in-samsung-french-door-refrigerator/

10 『이상한 놈들이 온다』, 세스 고딘, 21세기북스

11 저자 촬영

12 『이야기의 힘』, EBS 다큐프라임 '이야기의 힘' 제작팀, 황금물고기

13 『스티브 잡스의 명언 50』, 하야시 노부유키, 스펙트럼북스

14 저자 촬영

15 〈Innovation Leadership Lessons from the Marshmallow Challenge〉, Scott D. Anthony, HBR, 2014

16 에릭 리스의 『린 스타트업』의 MVP(Minimum Viable Product)도 같은 개념을 말하고 있으므로 참조할 필요가 있다.

17 『어른들을 위한 창의학 수업』, 스탠 라이, 에버리치홀딩스

18 『생각의 축지법』, 송치복, 디자인하우스

19 Air Elegant, Shutterstock

20 『프라이싱 전략』, 토마스 T. 네이글, 거름

21 Maciej Gillert, Shutterstock

22 『성공한 사람들의 정치력 101』, 케서린 K. 리어돈, 에코의서재, p71

23 『성공한 사람들의 정치력 101』, 케서린 K. 리어돈, 에코의서재, p44

24 『토론의 전사』, 유동걸, 해냄에듀

25 Conor P. Fitzgerald, Shutterstock

26 『아첨론』, 윌리엄 고스 리기어, 이마고

27 『성공한 사람들의 정치력 101』, 케서린 K. 리어돈, 에코의서재, p52

28 『또라이 제로 조직』, 로버트 서튼, 이실MBA, p119

29 Matej Kastelic, Shutterstock

30 『세상에서 가장 아름다운 이별』, 노희경, 북로그컴퍼니

31 『논쟁 vs 언쟁』, 조제희, 들녘

32 "My Wife and My Mother-in-Law", a famous optical illusion. Appears in Puck, v. 78, no. 2018 (1915. Nov. 6), p. 11., https://commons.wikimedia.org/wiki/File:My_Wife_and_My_Mother-in-Law.jpg

33 『권력의 기술』, 제프리 페퍼, 청림출판, p34

34 A wide shot of Prime Ministers questions (circa 2010-2012)https://commons.wikimedia.org/wiki/File:Prime_Minister%27s_Questions_(Full_Chamber).jpg

35 Tzido Sun, Shutterstock

36 『권력의 기술』, 제프리 페퍼, 청림출판, p60

37 Matteo Bedendo, Shutterstock

38 『80/20 법칙』, 리처드 코치, 21세기북스

39 『보라빛 소가 온다』, 세스 고딘, 쌤앤파커스

40 『살아남기 위하여』, 자크 아탈리, 위즈덤하우스, p144

41 『산이 움직여주길 기다리는 사람들』, 찰스 핸디, 산성미디어

42 『또라이 제로 조직』, 로버트 서튼, 이실MBA, p189

43 『The No Asshole Rule』, Robert Sutton, Balance

44 『성장에 익숙한 삶과 결별하라』, 우경임, 이경주, 아날로그(글담)

45 우리회사 A급 인재, 그는 왜 짐을 싸는가, 김용성, 조선일보, 2013

46 저자 촬영

47 『살아남기 위하여』, 자크 아탈리, 위즈덤하우스, p165